仲間とともに治すアルコール依存症

断酒会活動とはなにか

中本新一
Shinichi Nakamoto

明石書店

プロローグ　私もひどい酒飲みだった

高校卒業の直前から飲むようになった。湯呑に八分目ほど飲む。飲めば陶然とした気分になる。これが習慣になって、学校の仲間が懸命な努力をつづけているのを尻目に、晴れた日も雨の日も私は毎晩酔った。仕事に就くようになってからいっそう酒好きになる。酒席が楽しくて仕方がない。そのうち、「宴会部長」と呼ばれるようになる。陽気な酒だとも言われる。酔えばいつも村田英雄の「王将」を歌っていた。全国各地の地酒を特に好んでいた。飲めない人や飲まない人のことを「可哀そうなやつ」と見下げながら杯を重ねていた。酒席で情報を収集し、人間関係も円満なものになっていく。

少しずつ次第に飲むことと酔うことを優先するようになっていく。用事の多い日でも酩酊するための時間は確保する。それらと同時進行の形で、嫌なこと・辛いことを避けるようになっていく。飲んでいるときは酒ほどいいものはないと思っていた。

27歳のお盆に酒で羽目をはずす。数日間、酔っては眠り、覚めては飲むということを終日くり返したのである。以後、これに懲りて飲みすぎないように気を使うが、現実は酔いを求める心のほうが優っていた。

30歳代に入った。相変わらず飲むことを優先した。暑いから、寒いから、仕事が一段落したからというふうに理由をつけて飲む。酔っている間、酒に優るものはないと思う。少しずつ、酒が原因で問題が生じるようになった。大事な約束を守れなかったり、義務を果たせないこともでてきた。二日酔いの朝、今日だけは飲むまいと思っていても、夜になると、つい飲んでしまうことが多くなってきた。深酒のあと、酒が切れたときにイライラや不眠など苦しい症状がでるようになった。怒りっぽくなってきた。仕事を休むこともでてきた。

20歳代は大勢でにぎやかに飲むのが普通であったのに、30歳を超えてから孤独な1人酒が多くなっている。家族は酒に水を入れて薄めたり、酒瓶を鍵のかかる部屋に隠すようになってきた。さらに家族は私にむかって「意志が弱い」とか「適量で切りあげる飲み方をするように」とか「人格面がダメ」と言うようになっていた。

37歳の冬に相談に行った専門病院で院長が聞いてくれたあと、「あなたは完全なアルコール依存症です。飲酒をやめなければ遅かれ早かれ酒のために死ぬでしょう。酒をやめるか飲みつづけるかは、あなた自身が決めることです。やめるのなら断酒会が活発に活動していますから、その例会に出席しつづければいいでしょう。断酒会は、支えあい励ましあうことを主題にした、素晴らしいセルフヘルプ・グループですが、通いつづけるとなると少々辛いこともあるかもしれません。しかし、その程度ことを乗り越えられないようだと、とどのつまりは酒のために死ぬでしょうね」と言った。院長の人柄に感じるものがあって、予定外の入院を選ぶ。今までの酒害がアルコール依存症のものであることを知って、また、アルコール依存症でも断酒できると知って、私は病床ですっかり安堵する。「私には断酒会があり、酒をやめつづけるのだ」と歌いたい気分で入院生活をすごす。

退院後、断酒会に入会した。素晴らしい団体であった。支えあい、励ましあい、共感しあうことにかけては天下一品の腕前を発揮していた。しかし、断酒初期に妻のガン発症と私自身の転勤が重なって、私はうつ病になる。抗うつ剤を飲みながら出勤する。一向によくならず、テレビ・ニュースにおけるアナウンサーの言葉がわかりにくくなり、新聞も読み難くなった。しかし、時間がかかったが、うつ病は全快する。

56歳のとき受けた人間ドックで、糖尿病だと診断された。2カ月ほど経ってからの大学病院でも糖尿病だと言われた。大学病院では血糖値は空腹時が148、負荷後1時間が230であった。人間ドックでは1日1万歩（早足でおよそ90分間）の散歩を勧められ、大学病院では間食をしないように指導された。以後、1日に100分間歩き、間食をいっさい摂らない。その結果、血糖値がまったく正常になっている。

断酒会に入会したころ、7歳と3歳であった2人の子どもは現在36歳、32歳になっている。私も人並に孫を抱きしめる幸せを味わうことができた。長い年月にわたって飲酒欲求に苦しんだが、アルコール依存症という診断を受けた日から一滴の酒も飲んでいない。

自分の体験からこつこつと「一日断酒」と「例会出席」に励んでいると、断酒がつづけられると信じている。断酒の継続はひどく難しい営みであるが、基本を守れば思いのほかたやすいようでもある。

時間が前後するが、私は酒をやめてから、社会には飲酒にまつわる悲惨な問題が続出していることを知った。入会してから半年ごろのことである。そのとき、わが国においてアルコールにまつわる不幸な問題を大幅に減らす方法を明らかにし、それを文書で社会に提出したいと決意した。断酒の傍らこつこつと研究をつづけて右のテーマで博士号を取得し、論文も出版社の協力を得て公刊することができたのである（『脱「アルコール依存社会」をめざして　日本のアルコール政策への提言』明石書店　２００９年刊）。

仕事と断酒の両立で腐心したが、仕事のほうも定年まで勤めることができたし、地域の役目も果たすことができた。

私が住む地域には重篤な酒害が現れているのに、どうしてもアルコール医療機関を受診しない人々がいる。私の所属している断酒会には5支部があり、すべての支部に出席しているのだが、新しい人々が十全というわけではない。また、時々、新しい家族が例会に姿を見せられるのだが、当事者が思うように例会にでてくれないという問題もある。その他、アルコールに悩む人々の家族の声を聞く機会もある。上記の通り、酒害に悩んでいても容易に医療を受診しない人々が浮き彫りになっているのである。アルコール依存症という診断をされてもセルフヘルプ・グループに出席することをためらう人々の存在もある。

入会しても効果をあげにくいという現実も思い知らされたのである。

こうして、私は酒害に苦しむ人々に病院にかかってもらって酒をやめてもらうことを目的にした本を書こうと思い立ったのである。

酒に悩む人は、他の病気と異なって自分の意思で病院へ行こうとすることはほとんどない。自分からすすんで治療を受ける気にならねば医療効果があがらない。そこで周囲の人々が本人に医療を受診する気になってもらえるように持っていく方法を断酒会での私の経験から書いていきたい。

その後、アルコール医療機関で治療してもらいながら断酒を開始するわけであるが、酒をやめつづけるための基本事項がある。その筆頭は断酒会に入会して「一日断酒」と「例会出席」に励むことである。詳しいことは、第6章「アルコール依存症を治していく心」に述べるつもりだが、飲酒欲求にさらされたとき、今日一日は絶対に飲まない、明日は飲んでもいいというふうに心をあやしていく方法である。その明日になれば、また、今日一日の断酒を試みるのだ。つまり、飲酒を先送りするわけである。

苦しいことや辛いことでも、みんなで語りあってわかちあえば、思いのほか苦しくも辛くもないのだ。つまり、例会に積極的に出席して「飲みたい」とか「辛くてかなわない」と言えばいいのである。例会には何十年も酒をやめている人が出席しているから、そういう人の話を聞いていると、「努力すれば自分もああいうふうになれるかもしれない」と思うようになるのだ。

入会したけれど、やめきれていないのなら、それでもいい。例会や記念大会、研修会に死にもの狂いになって出席している間に酒がやめられたという経験をもっている会員が多いのである。

従来、アルコール依存症は治らないと言われてきた。不治の病の典型であるとされてきた。何十年間酒をやめても、一杯飲んだことが契機になって飲酒地獄に再転落する、飲酒量を適切にコントロールできる飲み方には決して戻らない、というようにである。しかし、人間性が回復し、いやそれどころか一般的健常者よりずっと優秀になり、飲酒欲求もなくなり、飲みたい気がまるでなく、しかも飲酒を絶えず警戒し、「一日断酒」と「例会出席」を怠らない長期断酒者にとっては治った状態になるものと私は考えるのである。

そういう私でも一杯を飲めば、次々と飲みたい気持ちが湧いてくるだろう。しかし、客観的には飲酒することがないにもかかわらず、飲めば再び適正に飲むことができない点だけを捉えて、「治らない」ということができるだろうか。お塩は食生活に欠かせない。そうした食塩も1升食べれば、もし食べられたらの話であるが、人は死ぬだろう。死ぬ可能性の高さを捉えて、お塩を猛毒とか劇薬とかの言い方をするだろうか。アルコール依存症は断酒会活動で十分に治せるのである。

アルコール依存症は、長い歳月が必要だが治せる病気である。徹底的に「一日断酒」「例会出席」を励行していけば治すことができる。断酒会にはさまざまな行事・取組みがあるが、そうしたものに陰ひなたなく、諦めず焦らずにこつこつと実践していけば治るのだ。

小学校の先生が、小1の子どもに教えるような正直、素直、まじめ、誠実、努力、「仲間を大切に」というシンプルな徳目を胸に刻んで進んでいけば、間違いなくアルコール依存症を治すことができるのである。また、アルコール依存症を治していく態度は、「反省する心」「実践する心」「償う心」「感謝する心」「求める心」「ゆるす心」であると私は信じている。飲んでいたときの過ちについては真摯に反省する必要がある。断酒の継続は徹頭徹尾、実践である。頭で考えることも重要だが、例会場に行くことはさらに大切である。こつこつと積みあげる実践なしに断酒はあり得ない。

また、飲酒時代に多くの人々や社会にかけた迷惑行為については罪意識をもって贖罪していくべきであろう。酒をやめられたら、力を貸してくれた人々に感謝する必要がある。感謝の念の乏しい人というのは再飲酒しやすい。

求めるという精神的志向があってこそ、物事が実現するのであるから、断酒に軸足を置いて、仕事、家庭、健康、生きがい、趣味の領域で理想をもちたい。求めないものは実現しない。求めて、求めて、求め抜いてこそ、断酒やその他のことが実現するのだ。自分の心に憎んでいる人がいるようであれば、精神的に楽に生きることはできないようである。人を心の底からゆるすことは難しいが、ゆるしつづけることで、断酒は大団円を迎える。

断酒会は素晴らしいセルフヘルプ・グループである。酒をやめさせてくれるだけでなく、元気を与え、望みも与えてくれ、人生の諸般を教えてくれ、人間らしくしてくれる。数多くの友人を与えてくれる。健康をもたらしてくれる。人との接し方を教えてくれる。表現力を鍛えてくれる。夢や希望の持ち方を示唆してくれる。偏見に立ち向かう勇気を鼓舞してくれる。悩み事に答えをもたらしてくれる。

近年、少々人数を減らしたが、2010年現在、9068人が正会員として酒をやめている。家族（準会員）は約4000名を数える。合計1万3068人が励ましあい、支えあい、共感しあいして精神的にきわめて豊かに暮らしているのだ。

断酒会は、全国組織のある約100団体のセルフヘルプ・グループのなかで最大規模であり、多方面にいい影響をおよぼしているところである。

断酒会の出版物（『躍進する全断連— 2011年版—』）によると、10年以上の断酒者は、総会員の

33%である。このことだけでも、断酒会が輝かしい成果をあげていることが了解できるだろう。アルコール依存症はどんどん死んでいく疾患であるのに、断酒会のお蔭で実に多くの人々が生きながらえているのである。断酒会ほど素晴らしい団体は他にないようだ。断酒会が成功していることは疑えないのである。

しかも、2010年現在、20年以上にわたって酒をやめている会員は、なんと1275人(総会員の14・1%)に上るという。この人数は息を飲むほど大変な数字である。これだけ効果が著しいセルフヘルプ・グループは他にないようである。右の1275人のうちの多くは、こつこつと「一日断酒」「例会出席」に励み、断酒会活動に積極的に従事するなかから、仲間に支えられて、自らのアルコール依存症を治しつつあるかたがたであると思われる。長い歳月を要するが、アルコール依存症は断酒会活動で十分に治せるのである。

今まで、アルコール依存症に関する本は、この病気の実態を仔細に述べ、セルフヘルプ・グループのことをユートピアとして描いて終わっていた。そして治らないと結んでいた。私は本書で、アルコール依存症の過酷さおよび断酒会入会後の厳しい現実を忌憚なく述べ、その後、アルコール依存症は治せるという前提で、どのように治していくか、そのために当事者がとるべき姿勢や具体的な方法はどんなものか、を詳述したい。

WHO総会は、1976年にまぎらわしい「アルコール中毒」の言葉を廃して「アルコール依存症」という用語を提案して使うようになった。私は個人的には両者の内容はほとんど同じものだと考えているが、WHOが区別したことを尊重して、両方の言葉を時系列的に区別して用いていく。

仲間とともに治すアルコール依存症——断酒会活動とはなにか【目次】

第4章　偏見をどう乗りこえるか――社会と断酒会における友好関係の構築

第5章　家族が心得ておくべきこと

第6章　アルコール依存症を治していく心

第Ⅰ部

客観的事実として

第1章 9人の酒害者の人生と転機

アルコールが好きで、あるいは嫌いでも飲まざるを得なくなって飲んでいるうちに、身体的に精神的に、または社会的に多くの差しさわりが出てくるものだ。周囲から「大酒飲み」と非難され、自分でも節酒しようとか、やめようとするようになっても、それができない状況であるにもかかわらず、大概の問題飲酒者は、自分のことをアルコール依存症であると認めることができない。問題飲酒者は、経験が豊富な医師にアルコール依存症であると診断されれば、狼狽したり驚愕したり猛反発するだろうが、それは健全な普通の人に戻る第1の関門である。圧倒的多数の問題飲酒者は、アルコール医療機関の専門家から病気であると診断される機会がないまま、飲みに飲み、人々に多大の迷惑をかけ、蛇蝎のように嫌われ、そして、恐ろしいくらい若くして死ぬのである。したがって、もしもアルコール依存症という病名を得たら僥倖として感謝し、人生やり直しの絶好のチャンスとして決然と立ちあがるべきであろう。

左に飲みに飲む9人の、アルコール依存症に至る生活史を概略的に書いていく（以下の人名は仮名）。

・松野陽一「静かなるアル中」、多発性神経炎

父親は県庁の部長として活躍していた。陽一も高校ではバスケットボール部で活躍する一方で、学級委員などを務めた。クラブ活動、夕食、入浴などを済まし、机に向かえるのは午後9時以降であったが、運動部で鍛えた集中力で毎晩1時ぐらいまで勉強する。そのスタイルをほぼ3年間つづける。大学受験では東京の有名私学に合格したが、父親の意向で浪人した。一浪で旧帝大に合格し、父親と同じように法学部に進む。

陽一は大学でもよく勉強し、サークルでもがんばっていた。ゼミでも教授にほめられることが再三あった。就職活動で銀行の内定をもらったが、最終的に地元の県庁に入った。父親は非常に喜び、新車を買い与えた。それまで送別会、忘年会、クラス会などで飲むことがあったが、常軌を逸することは絶えてなかった。上司が紹介した旧家の女性と27歳のとき結婚し、妻に晩酌することを勧められた。そして徐々に酒が好きになっていく。父親が教養も身につけるように厳命を下していたので、日曜日には美術館をめぐり、また幅広く読書に励んだ。30歳のとき、長女が生まれた。陽一は、長女が生まれてから急激に酒量が増加した。

そうこうしている間に配置転換があって、建設課へまわされた。県道の2カ年計画による昼夜の高架化工事が進行していた。現場に出ることが多く、真冬には道路業者と明け方の3時、4時に酒で暖をとることが普通になった。日曜日も現場に張り付くようになる。現場では皆が隠れるようにして飲んでいた。3カ月ほどたったとき、脱力感がひどく、食欲もなく、急性肝炎で入院する。退院後は禁酒してい

たが、業者との付き合いもあり、少しずつ飲みだし、元の酒量にもどり、1日に5、6合飲むようになる。たまさかの休日はテレビを見ながら、一日中飲むようになった。読書の習慣がほとんどなくなり、美術館巡りもとだえ、頭にあるのは酒だけになっていく。晩酌のあとも、飲み足りなく思って妻に酒を要求することが多くなった。こうして、いつの間にか、家にいる時間は就寝まで酒浸りになったのである。それを見ていた母親が、「淋しいから大酒を飲む」と妻にいったので、妻は仕事をやめ、また土蔵に酒瓶を隠すようになる。陽一には暴言や暴力がいっさいなく、どんなに飲んでも声を荒げることは一度としてなかった。

そうこうしているうちに、夜間、十分飲んだあと、街の居酒屋まで飲みにいくようになってきた。ときには車に乗ってコンビニまで買いに走ることもある。妻と母が必死に飲酒運転をしないように懇願しても、手を払いのけて、街へ向かうのである。

33歳のとき、長男が生まれた。陽一は、世間から後ろ指をさされない人間であれという願いをこめて、正男を名づけた。このころから、右わき腹に鈍い痛みが感じられるようになり、さらに深酒の翌日、道を歩いていると氷の上に立っているような違和感を足裏に覚えるようになってきた。これらの違和感と痛みは、数日禁酒すると消えるのが常である。このころから、毎日飲酒は影をひそめ、飲んだり飲まなかったりが常態になっていく。

その年の夏、車で出勤した日の真夜中に陽一は、近所まで帰ってきて、隣家の玄関に泥酔運転で突っ込んでしまう。門柱、門扉、ガラス障子、靴箱と、父親にプレゼントされていた車が大破してしまう。幸い、隣家に怪我人がなかったものの、陽一は手足の骨折、脳挫傷で瀕死の重傷となった。物損については陽一の父親が土下座して謝り、警察への通報はまぬがれ、職場は首の皮1枚でつながった。物損は賠償することになり、職場には大屋根からの転落ということで入院する。約4カ月の入院で治癒したのちも、話す言葉に少し後遺症が残った。病床で猛省している陽一は、退院した日、その足で妻に付き添われて、アルコール専門外来を受診した。小1時間にわたって詳しく聞きだした院長は、アルコール依存症であると診断した。

「右わき腹の鈍い痛みは過剰飲酒によって肝臓が膨れて、肋骨に触れているためでしょうし、氷の上を歩いているようなという足裏の感覚は多発性神経炎であるでしょうね。アルコール依存症の18％ほどに見られる多発性神経炎[1]は酒ばかり飲んで栄養が足りなくなり、ビタミンB_1をはじめとして、ビタミンB_{12}、ニコチン酸の欠乏による栄養障害が原因です」、と院長が補足説明した。

「症状は手足の末端がしびれたり、動かせなくなったりというのが代表的症状ですね。多発性神経炎は皮膚の感覚を冒すこともあり、熱いことがわからなくなって、火傷することも起きます。多発性神経炎は、足の先から左右対称に知覚鈍麻、痛み、しびれ感などが起こり、上のほう、つまり体幹にむかって徐々に進行していきます。知覚異常は腹部にまで及ぶことがあります。いったん起こった知覚障害は、酒をやめても残ることがよくあります[2]。

痛みは鈍く長くつづくものが多いが、稀に激痛や冷感のある痛みもあります。進行すれば歩けなくなる。初期ならば断酒すれば治るが、重症例は回復に時間がかかりますよ。多発性神経炎も末期になると断酒しても治らない。脳挫傷後の話しにくさは、酒をやめつづけても残ることが多いし、飲めばいっそう悪化します」、と院長が説明した。院長は「酒をやめるには、断酒会やＡＡのようなセルフヘルプ・グループに加入することが一番の近道です。一人ではやめられない酒も、仲間同士が支えあっていけばやめられるのです。アルコール依存症になってから断酒して幸福になった人が大勢いますが、酒をやめるか飲みつづけるかはあなた自身が決めることなのです」と言った。

・西脇ひろ子　摂食障害とアルコール依存症の若い女

ひろ子が裕福な生活を送ってこられたのは父親のお蔭である。父は工員を雇って、町工場を経営している。篤実な性格で、遊びには目もくれず工場一筋に生きてきた。ひろ子が幼いころは、夕食後、工場日誌を書きこみながら、娘の勉強相手をするのが父親の楽しみの1つであったようである。ひろ子の母親は社交的でにぎやかで活発な肥満タイプの人である。母は父を手伝うこともなく、昼間から友人を座敷に上げてしゃべっていることが多い。ひろ子は幼いころから父親になつき、尊敬もしていたが、母親とはうまくいかなかった。

ひろ子が小学校へ入学した年の4月に家庭訪問があったが、その際の母親が記憶に残っている。先生が来るというので家中磨きあげた母親は、近所の友人宅を駆けめぐって、黒檀の彫物、銀の喫煙セットを借りてきた。当日、香水の匂いを振りまきながら、恐ろしく丁寧な言葉をつかって、優しげな表情で担任の先生に対していたものである。

小学校の高学年で、社会科の宿題に県庁所在地の都市名をあげるのがあった。母に教えてもらったら、滋賀県は滋賀市、石川県は石川市ということであったので、翌朝、ひろ子は教室で赤恥をかかされた。中学生になったころから、母親の習い事熱が高まり、きれいな服におめかしして出かけることが多くなってきた。

母親は、いよいよ腹がせりあがる体型になってきていたので、ひろ子は、モーパッサンにならって「脂肪の塊」と軽蔑する。高校入試では、公立の進学校に落ち、校則が厳しい私立の進学校に入学した。母親は、ひろ子が小さいときから、口をひらけば、点数点数といって尻を叩いている。いい高校に入って、いい大学に入って、いい婿養子をもらって、工場を継いでもらうというのが母親の夢であったのだから、スタートで躓いたことになる。

ひろ子の高校3年間は、修道院生活のように陰気でくそまじめであった。

女性が働きつづけるために、適性を発見し、それを保証する進路をひろ子が考えているのに、母親は自分の世間体にとらわれ、娘にとりあわないのであった。卒業後の進路をめぐって対立したことが契機となって、ひろ子の母親嫌いが頂点に達する。自分は小娘だというのに腹部がせりだしている。体型が母親に酷似している点でも、ひろ子は自分が大嫌いである。たえず誰かに追われているような感じがする。四六時中、焦りがある。そして、自身の性格の欠点のみを注視し、それを誇大視し、一日中、クヨクヨしている。大学入試の数日まえの夜、はじめて嘔吐した。しかし、運よく合格した。父親が借りてくれたマンションから大学に通い、帰り道、毎日のようにスーパーの袋に食料と酒を入れて帰った。

中高時代は一滴も飲まずにきたので、最初は少量で酩酊したが、耐性はずんずん上がっていく。大学生になってから、一人暮らしの気楽さが手伝い、いっそう自分の体型が気になった。腹がせりだしていると信じこみ、食べてはいけない、食べたい、痩せたいと始終イライラしている。スーパーの袋に山のように食品を買い込み、夜はマンションの部屋のカーテンを引いて、むさぼるように食べ、ペットボトルのお茶を飲みながら、腹に食べ物があることが許せないと思って、指を入れて吐く。このため、いつか左手に吐きダコができていた。大学2年になったころ、アルコールを常用するようになる。吐きだしたあと、アルコールを一気に飲み、急激に酩酊し、それが非常に心地よく、倒れるようにベッドに寝込む。目が覚めたら、きまって尿失禁していた。あるとき、シーツの下に風呂敷ほどの広さのビニール1枚を縫いこむことを着想した。実際に寝てみると、体が蒸れ、しかも体が動かすと、ゴワゴワという音が耳に大きく聴こえるので、ビニールを取り除いた。頬は痩せこけ、メザシのように目だけが異様に大きい女の子になっていた。

大学は4年間で卒業できたが、就職活動をするエネルギーもなく、悄然と実家に帰る。母親が、家にいると世間体が悪いので、外で働くように迫ったので、隣町の個人商店で働くようになった。定時に商店を出ると、まっすぐスーパーに行って、酒と食品を買い求め、家の2階の自室に閉じこもって食べつづける。吐き出したあと、一気に大量のビールを飲み、朝は失禁していることが常態になってくる。大学を卒業してからの2、3年間で、酒癖が悪くなっていくのがひろ子にもよくわかった。ある夜、吐いている最中に、背後に人影があるのに気づいた。父親がめっきり憔悴した面差しで、「おまえに働き者の養子をもらって、工場を継いでもらうことを楽しみにしてきたが……早いこと、精神病院に行って相談してくるのがよい」とつぶやく。精神病院がアルコールの専門病院を教えてくれた。専門院長が、「食べ物とアルコールの完全な依存症です」と診断したとき、ひろ子はなぜかホッとした。

院長が補足する。

「摂食障害には、拒食、過食、自己誘発嘔吐、下剤乱用などがありますが、あなたは食べ吐きですね。若い女性のアルコール依存症の特徴は、高い比率で摂食障害を合併していることと予後が悪いことです。久里浜病院の調査によると、入院した女性アルコール依存症者２９７名のうち、25歳から30歳の層では54％、24歳以下では79％が摂食障害を合併症としています。20代の摂食障害を合併症とする女性アルコール依存症者は、断酒しないかぎり40歳までにほぼ全員が死亡するといわれています(3)。

尿失禁もアルコール依存症に非常に多いですよ。アルコールは大脳の作用を抑える薬物ですから、大量に飲むと排尿をコントロールできなくなります。大脳の働きが低下している状態だから、大量に飲めば誰でも寝小便をします。しかし、健康な人はそれほど大量のアルコールを飲みはしません。失禁するまでの大量の酒を飲んでしまうこと自体が問題で、そこがアルコール依存症の動かぬ証拠ですね。あなたは入院したほうがいいですね。

食べ吐きを治すのは容易ではありませんが、現実の自分を受け入れたら、改善していくでしょう。アルコール依存症のセルフヘルプ・グループとして断酒会が活発に活動しています。退院後は、同じ病気の人と支えあって幸福な人生を送ってください」と院長が補足説明した。

・高橋鉄平　酒乱、連続飲酒の単身者

鉄平は49歳である。高1のころ、父親のウイスキー、母親のワインを盗み飲みしたことはあったが、癖にはならなかった。高2の遠足で解散してから教師の目を盗んで、20人近くが居酒屋でビールを飲む。群飲している光景をおさめたポケットアルバムを授業中に廻すやつがいて、教師にそれを没収されてしまった。全員、家庭謹慎3日間の処分を食らう。それにもかかわらず、その後の体育祭、文化祭の打ち上げでも、性懲りもなく仲間たちと痛飲した。

高3になってから自分で酒類を買い置きするようになったのは、訪問してくる友人へのサービス面もあった。高校卒業後、運動部のキャプテンをしていた実績を買われて北浜の地場証券に入社した。第2次石油危機の年である。日々の営業から、証券会社の利益は、いかに多く顧客に買わせ、いかに頻繁に売らせて手数料を稼ぐかにつきることを学んだ。大局観が欠けたままで相場の先を読めない客が、大損して破滅していくのを数多く見て、一時期、罪悪感の虜になる。この時代に客に招かれてマージャンすることが少なくなかった。そのあと、いつも酒盛りである。帰り道、マンションの階段を踏みはずして転落、足を骨折したこともある。また、あるとき、帰りの電車が出たあと、駅裏の屋台で飲んでいると、客に出会い、なぜか鉄平が執拗にからみ出し、翌朝、支店長に客から非難の電話が入った。証券会社をやめて、高校運動部の先輩が経営する不動産屋に移った。社長1名、営業1名、事務1名であるために鉄平は落ちぶれた気がした。卒業後も交際していた、運動部の元マネージャーと結婚式をあげたが、新婚旅行中、酒を飲んでホテルのサービスマンを殴った。業界の忘年会でも、他社の社員を酔って殴打し、翌

日、傷害罪の容疑で警察に逮捕される。神妙な面持ちで留置所から出てくると、社長が新しい職場を見つけて出直せと命じた。無職になった鉄平は、昼間から飲酒し、一定以上の酒量になると、急に凶暴になって妻を殴るようになってきた。フルタイムの働きに出ている妻の帰りが遅かった夜、鉄平は顔を見るなり、殴る蹴るの半殺しにしてしまった。妻が別れると言う。売り言葉に買い言葉で、鉄平も別れると応じる。

以後、からみ酒、酒乱が嫌われ、再婚もできないまま、トラック運転手、パチンコ店店員、土木作業員、警備員、露店商人などを転々と渡り歩いて糊口をしのいできた。鉄平が49回目の誕生日も忘れて連続飲酒していると、ショバ代を払っているのに出店しないのが変だといって香具師仲間がやってきた。飲んでは眠り、覚めては飲み……のくり返し、ほとんど食事も摂らない1週間であった。

香具師仲間が保健所に連れていき、そこでアルコールの病院を知ったのである。

院長は、異常な飲酒行動、離脱症状、エピソードをKAST（久里浜式アルコール症スクリーニング・テスト）とICD—10（国際疾病分類 第10版）に照らし合わせ、

「あなたは進行したアルコール依存症です。このまま酒のため早々と死ぬか、酒をやめて生き直すかのどちらかです。やめようとするのなら、AAや断酒会があります」と宣告した。

院長の追加説明は次の通りである。

「酒乱と呼ばれている酒の多くは、普通の酩酊に対して異常酩酊と言われます。普通の酩酊は単純酩酊といいますが、それに対する用語です。異常酩酊は、複雑酩酊と病的酩酊に分けられています。大量

に飲むと、ふだん恥と罪の観念や理性で抑えられていた内面のコンプレックスが表にあらわれやすく、言動は短絡的、粗暴になって人にからんだり、殴ったりします。しかし、周囲の状況に対する見当識は保たれています。[4] これが複雑酩酊であり、普通の単純酩酊と質的な差がありません。

病的酩酊になると、少量の飲酒でも人格が急変し、もうろう性意識障害をおこし、常識では考えられないような凶暴な行動をします。すなわち、状況に対する見当識が失われています。あなたのは病的酩酊であると思われます。あなたは、連続飲酒発作を体験し、病的酩酊も体験しています。アルコール依存症になると、酒量は大量になってきますが、それでもなんとか、日常生活を保っているものです。しかし、仕事上の苦しみや、あるいは、仕事が楽になったことが契機になって飲酒欲求が高まることがあります。そして、飲みだすのですが、酩酊の快感レベルを脳が知っているのです。そこに到着しようと飲むのですが、中年以降、体がついていかず、先にダウンし、飲んでは眠り、覚めては飲み……のくり返しになるのです。連続飲酒は、数日間から数週間もつづきます。体が酒を受けつけなくなって終わり、そのあと、ひどい離脱症状が出現しますが、ここがいちばん苦しいときです。離脱症状の苦しみの最中に断酒会にたどり着き、立ち直って幸福に生きている人が大勢います」

・越前屋太郎　高血圧、アルコール性心筋症、遺伝不安

太郎の親父さんはいい人である。国道沿いの角地に食品と酒類の店を出していた。客に愛想よく腰低く接し、明るく穏やかな人であった。若いころは酒を嗜まなかったのに、いつの間にか店の商品に手をつけるようになった。太郎は小学校低学年のとき、親父さんが仏壇のまえに座って泣いているのを目撃している。泣きながら酒を飲んでいたのである。慢性肝炎で医者に禁酒を申しわたされていたのに、やめることができないらしい。太郎が高校にあがったころ、親父さんは肝硬変になっていた。どす黒い顔になって店先の椅子に腰掛けて道行く人々をながめていたものである。

客たちは、「酒さえ飲まなかったら、いい人だのに……」と惜しんでいた。飲めばギャンブルに大金をつぎこみ、警察沙汰も起こし、何やかやで太郎の母親を泣かせるようになる。親父さんは黄疸と腹水がたまるようになっても、酒をやめることができず、ある年の大晦日に死んでしまった。

太郎の母は、彼が店を継ぐように育ててきた。それもあって、太郎は商業高校に進んだ。同級生の多くが飲酒した経験があったり、現に飲むことがあるというが、太郎はまったく飲まずにきた。それというのも、「親父のような酒飲みだけにはなりたくない」と固く心に決めていたからである。高3になって、同級生の多くが就職内定をもらっていくのを見ていて、進路意識が揺らいできた。急に母親の営む店がつまらなく貧乏臭く思われるようになっている。小学生のころは客も多かったが、食料はスーパーで、酒類はディスカウント・ショップで買われ、店の利益が落ちている。そこで昼間は店を手伝いながら、夜間大学に進学し、4年間、将来について考えることにした。店に立つ太郎を見て、客たちは「愛想がいいのも、腰が低いのもお父さんにそっくり。血は争えませんね」といってくれた。大学2年のとき、ゼミのコンパがあった。はじめて飲酒したが、「こんな旨いものを売ってきたのか」と驚く。

酔いの陶然とした気分がひろがっていく。友人に誘われて風俗店に行き、はじめて性行為をする。3月のなまぬくい風に吹かれながら街を行くと、この世は男と女だ、自分の実力次第だと強く思った。大学4年になったときには店を継ぐ気は消えうせ、スチール家具製造・販売の会社に就職することになった。

歓迎の宴席で酔っ払って、わけがわからなくなってしまって、いきなり、社長以下、全従業員のまえで、「裸踊り」をして見せた。愛想よく、腰低く、である。「すっごいやつが入ってきた」と後々まで語り草にされる。この会社時代に酒での失態は、忘れられないものだけでも2回はある。学校の生徒が使う連結机や椅子・机を、教育委員会、私立中高、短大、私大にセールスに行く仕事をしていて、事務長に会議時間を待たされ、その間、スナックで飲み、ぐでんぐでんに酔っ払って戻り、激怒されてしまったことがある。2度目は、居酒屋で腹いっぱい飲み、電車で自宅の最寄り駅まで帰り、駅まえで喫茶店の壁に小便をひっかけたのである。店のマスターが興奮し、口論となり、太郎は裁定をもとめてマスターを自分の車に乗せ、交番まで走り、巡査に激しく叱られた。飲酒運転はなぜか検挙されなかった。

20代後半になって市内で美容師をしている女性と結婚し、妻と共働きになったので、自分の稼ぎは酒代につぎこむことができるようになった。しかし、この会社は、宴席で乱酔した太郎が社長の頭を叩いたので馘首になった。

2つ目の会社は中古車販売センターである。やがて主任になり、そのころ長男が生まれた。後日知ったことだが、妻は子どもができたら太郎の酒癖も直るだろうと期待していたという。特別セールス期間中、店内でふらふらになって倒れた。病院に担ぎ込まれ、「高血圧だから薬を飲んだほうが得ですわ」と医者に言われ、血圧降下剤を服用することになる。中古車の販売は、新車に比べて威勢があがらず、休日のまえに大酒を飲んで同僚と愚痴を言いあった。休日は一日寝てすごす。寝床で割れるように痛い頭をかかえていると、親父はアルコール依存症であったと思われてくる。親父のような酒飲みにだけはなるまいと思ってきたのに、堂々とした飲ん兵衛になってしまった、アルコール依存症は遺伝するのではないか、息子も酒のため方々に迷惑をかけて若死にするのではないか、などと陰気なことに気持ちがむかう。

相変わらず飲んでいた30代の終わりに社長から、仕事をやめるように言われ、布団販売会社に就職した。禁酒を誓っても酒がやめられないことを察知している太郎は、節酒を目的に、手帳に、飲んだ日に●印、飲まなかった日に○印をつけることを思いついた。手帳のカレンダーで星数を数え、電卓で勝率を出すのである。夜、食卓に向かうときも、手帳のカレンダーを見て我慢するのであった。

太郎に恐ろしいことが起きるようになってきた。夜、寝床に入り、眠りだすと、胸の辺りに万力で締め付けられるような激痛が襲い、目が覚めてしまう。よく突然死しなかったと思う。週に1、2度そうなる。太郎の妻が真剣に心配し、

「大きい病院に行った方がいいわ」という。それで大学病院を受診し、アルコール性心筋症であるといわれ、アルコールの専門外来を紹介された。数日後、太郎は妻に付き添われて専門外来を受診する。院長が太郎の病歴や飲み方を調べ、「アルコール依存症です」と診断した。太郎は椅子から転げ落ちるほど驚く。院長が説明していく。

「アルコール依存症になって飲酒をつづけていると、飲む量・飲む時間がほぼ同じになってきます。初

期のころは仕事をなんとかやっているけれど、家にいるほとんどの時間は飲むようになってきます。家庭での自分の役割を果たさなくなります。進行するにつれ、飲まずにいられる時間がだんだん短くなってきます。寝てからも朝までもたず、夜中に起きて飲みます。[5] 職場でも、昼休みに栄養ドリンクの容器に入れたウイスキーを隠れ飲みしたりします。こうなってくると、酒のない国に行きたいと思うようになってきます。健康な酒飲みでそんなことを思っている人はいないでしょう。そのくせ、飲酒欲求には勝てず、子どもの学費や貯金箱を壊してでも飲み代を手にいれます。

勤務先も、はじめは大きな安定した会社に勤めていますが、酒のため転職をくり返し、不安定な条件の悪い会社に移っていきます。アルコール依存症の人のいる家庭は、だんだん隣近所から孤立していきます。職場も首になり、ホームレスになってしまいます。そしてスラムで淋しく死にます。検視のあと、葬式もないまま荼毘に付されてアルコール依存症者は、最後、無縁仏になってしまいます」

太郎とその妻の深刻気な表情といったらなかった。妻が質問した。

「主人はずっと血圧降下剤を飲んできたのですが、高血圧はアルコール依存症と関係があるのですか。大学病院で言われたアルコール性心筋症はどんな病気でしょうか」

院長は太郎とその妻を交互に見ながら答えていく。

「お酒を長い年数、量を多く飲むと高血圧になります。高血圧になると心臓、つまり心筋に負担がかかり、心臓全体が肥大してしまいます。すると、不整脈や息切れや動悸が起こりやすくなってきます。これがアルコール性心筋症です。あなたのは、アルコール性心筋症の夜間突発性呼吸困難という症状ですよ。酒を断つと改善しますが、飲みだすと再発をくり返し、回復が不可能になります。心筋症も進行してくると、突然死もあり得ます[6]」

太郎の目と目の間に恐怖が貼りついている。

「主人は、いままでやめようとしてもやめられなかったのですが、断酒できるのですか」と妻が訊いた。

「1人ではやめられないでしょう。専門外来で治療し、断酒会のようなセルフヘルプ・グループに入って、仲間と励ましあっていけば、十分、断酒は可能ですよ。飲んでいたときよりも、ずっと幸福になれるでしょう」

太郎自身が勇気を振りしぼるようにして、質問する。

「アルコール依存症は遺伝するのですか。父親がアル中だったと思うのですが」

「アルコール依存症が遺伝するかどうかは、まだはっきりしたことはわかっていませんが、マークという研究者は、近親者にアルコール依存症者がいたり、親がアルコール依存症であったりすれば、アルコール依存症になる危険性は3〜4倍高くなるといっていますね[7]。また、グッドウィンという学者は、親がアルコール依存症であれば、その子は20〜25%の確率でアルコール依存症が発症すると述べています。しかし、発病に遺伝子の作用する部分はごく一部でありまして、環境や社会的状況が大きいですね」

・浮橋健太　若年アルコール依存症、寝汗

健太は工場から帰宅するとその足で立飲み屋に行く。銭湯に隣り合って並び、主な客筋は入浴客であ

る。立ったままで飲み、その後家に帰って両親と晩酌する。夜は、テレビを見たり、父母と談笑したりして過ごす。入浴後、自室にこもって就寝まで焼酎やウイスキーを飲む。友人が来れば、朝の1時、2時まで一緒に飲む。1日の酒量を清酒換算すれば5合というところだろうか。最近悩んでいることは寝汗である。2年ほどまえから始まった。最初は年に1、2回であった。病気かな、と思う。その後、2、3カ月に1回ぐらいになり、気に病んでいる今では月に3、4回になっている。まるでシャワーを浴びたようにシャツが濡れている。肌着が重く感じるほど汗がびっしょりなのである。

友達と明け方まで飲んだ日、工場で働いていた午前9時半ごろ、背中や腹まわりだけでなく、顔や首筋も夕立にあったかのように汗が噴きだした。そのときは10分余りつづく。話に聞くアルコール依存症と関係しているのかも、と不安にかられてインターネットを通してアルコールのクリニックを知った。

健太が常習的に飲酒するようになったのは、中2のときだった。父母には夕食時ビールを飲む習慣があった。父親が、急激に成長して熊のように体の大きくなった健太に、コップ一杯のビールをついだ。初飲であるが、健太は格別旨いとは思わなかった。それからも、週に1、2度、両親とビールを飲むようになっていく。しばらくすると、ビールの喉越しのさわやかさが堪えられなくなった。それから部活の仲間をそそのかして飲むようになっていく。部室や居酒屋、カラオケボックスなど飲める環境が整っていたのである。

酒類は、コンビニ、スーパー、たまに自販機で入手していたものだ。高校生になって耐性が上がってくるのがよくわかった。飲酒が見つかっても、親に叱責されたことはない。酔っ払って吐くようにもなってきた。前夜の記憶がなくなることも。高1の夏、部活の猛練習に音をあげ、やめてしまう。すぐバイクに夢中になった。その夏に酒気帯び運転で警察に検挙されてしまう。夏休みの最後の日、飲んで気分が高まって飲み屋の歳上の女と工場街の安ホテルで初体験をした。不潔感と嬉しさを覚える。夏休み明けに、警察が通報したのか、酒気帯び運転につき学校で停学処分を食らったが、両親は叱らなかった。

健太は小学校時分、担任教師から、「落着きがなく、気が散りやすい」と指摘されてきたが、意に介さないできた。本気で死にたいと思ったことは一度もない。アルコール専門外来に通院するまで、精神科や心療内科にかかったことはないが、ただ高所に恐怖症をもつ。広場、閉所、暗闇は平気だが、高い所が怖い。

大学は文学部史学科に入学。日本の中世を専攻し、古文書読みを厳しく訓練された。大学のゼミ旅行で、鹿児島経由で離島を訪れた。鹿児島空港で小型機に乗り換え、その機が離陸して水平飛行に移るまでの時間、恐ろしさのあまり生きた心地がしなかった。

大学の5年間、アルバイトに熱心であった。自宅2階に中学生たちを集め、黒板だけを買って、英語・数学・理科・国語を教える。さらに別口の小学生の家庭教師もする。小中生の親たちは盆、暮れに高価な洋酒を贈ってきた。アルバイトによる収入は、ほとんどアルコール代に消えた。親に買ってもらった車で飲酒運転をくり返す。コンビニや自販機でカップ酒を買う。運転しながら蓋をあけ、赤信号で辺りをうかがいながらあおり、青信号に変わると股にはさむというスタイルである。

ゼミでの発表の約束を大酒のために守れず、ゼミ生や指導教授との関係が気まずくなる。大学の後半、酔い潰れるまで飲むことが多くなってきた。大学4年が終わった時点で、卒業に必要な単位が不足していた。5年生になって陶器のセールスも始めた。アルバイト収入は飲み代に消え、二日酔いの朝、つくづく何のために大学に通っているのかと嫌気がさすことが多くなる。5年間在籍し、卒業証書を手に入れたが、春から無職である。2カ月ほど経ってから、工場で働くようになる。年に数回、風邪だ葬式だといつわって、朝から飲む。アルコールの専門外来を受診した健太は25歳になったばかりであった。院長はアルコール依存症だと診断した。

「あなたの家族は、親子のコミュニケーションが乏しいというか、相互に自立度が高いというか、酒害者になりやすい環境ですね。10歳代は心身の発育途上にあり、飲酒は未成年者における脳の発達に、成人より短期間で決定的な悪影響をおよぼします。大脳のなかでも、知性や理性に関係の深い前頭葉や、感覚や運動に関連する頭頂葉が、特にアルコールの影響を受けやすいのです。成人を対象にした大規模な一般住民調査によると、飲酒開始が未成年の早い年齢で始まれば始まるほど、アルコール依存症、飲酒運転、飲酒に関連する事故を引き起こす可能性を高める、というのです。アルコール依存症者は70%ほどの人が10代から常習飲酒をしています。

一般地域を対象にした調査では、常習飲酒が10代に始まるのは約10%強で、20—24歳28%、25—29歳21%、30歳以上23%となっています。(8) アメリカの約4万3000人を対象にした、面接による聞き取り調査によると、アルコール依存症の家族歴とは関係なく、14歳以下で飲酒を始めた人は、20歳以上になってから飲酒を始めた人と比べて、アルコール依存症になる危険性が4倍以上に高まるそうです。(9)

未成年者の飲酒は、体の成長を阻害するため、身長、体重の伸びが悪くなります。性成長へも悪影響があらわれ、女子の場合、生理不順になったり止まったりします。(10)

現在、マスコミが警鐘を鳴らしている麻薬、覚せい剤を使った人たちのほとんどは、初めからこのような違法薬物を使用するのではなく、飲酒・喫煙から入ります。このように酒は違法薬物への入り口となっていることから、入門薬と呼ばれることがあります」

院長がよどみなく話している間、健太は縮みこんで青くなっていた。それに気がついた院長は、ちょっと一呼吸置いてから、

「あなたのような寝汗ですが、アルコールが臓器や神経系から抜けるとき、汗をかくことは、かなり見られますね。シャワーのような発汗こそアルコール依存症の離脱症状です。離脱症状が出るようになれば、アルコール依存症も一人前です。自律神経が麻痺しているのでしょう。今後はぜひ、セルフヘルプ・グループにつながって、しらふで生きてください」と言った。

・大前庄之助　高齢アルコール依存症と認知症

一人息子の結婚式が無事済んだ。披露宴での両家を代表しての挨拶も落ち着いて済ますことができた。新婚旅行に出発する新婦が、

「お父さん、では行ってきます」と話しかけてきたとき、「お父さん」が耳に心地よかった。翌日が退職日である。午前中、残っていた取引先への退職報告をすませて帰社し、部長として最後の決裁をし

た。昼休みに全社員に呼集がかけられた。大会議室には空席も目立つ。リストラ退職になる11名が一列に並び、女性社員が花束を渡して、43年間積み上げてきた企業生活にピリオドが打たれた。

息子が結婚してくれたことによる安堵感よりも、退職したことによる解放感のほうが自分をリラックスさせる。2日後、指定銀行の口座に退職金を振り込んだという会社の郵便がとどき、金額を見たとき、庄之助の胸に熱いものがこみあげてきた。退職の翌日から始めた昼酒によって、自分を支えてきた、克己心、精進、闘志が溶けるように消えていく。これからは飲めさえすれば他に何もいらない、今まで会社の利益ばかり追ってきた、これからは自分の都合も大事にしたい、と飲みながら考える。朝のコーヒーがビールに代わるのにも日数がかからなかった。妻が、庄之助の酒に小言を言うようになったのは、退職2カ月目くらいからだろうか。酒瓶を隠したり、容器にマジックで線を引いたりするようになってきたのである。

庄之助は、努力と闘志の人である。九州の中学校を卒業すると、集団就職で大阪にむかった。中卒は「金の卵」ともてはやされていた。3月のまだ寒い朝、幟はためく駅舎に育友会長が叫ぶ万歳三唱が響き、校長先生、担任の先生に送られて汽車に乗り込む。社会人になってから驕り昂ぶったときや、失意のとき、春雨に煙っていた出発の朝を思いだしてきたものである。昼間は機械のまえに立ち、夕方から雇用主との約束で定時制高校に通学し、下校して独身寮に帰る。夜間高校の4年間、仕事も学校も無遅刻・無欠席であった。

さらに大学2部へ。経営学を専攻。同僚が飲酒、喫煙をやりだしたが、庄之助は健康が自分の屋台骨と判断してそれらに耽ることがなかった。風俗営業店に遊びにいく連中もいたが、庄之助は笑って見ていた。大学在学中に会社が上場化し、夜間部を卒業後、事務部門に配置転換された。20歳代の終わりに職場結婚し、30を超えたころから晩酌を始める。約1合の線を越えることがなかった。

42歳で課長の任に就き、53歳で部長になった。晩酌を楽しみにして、昼間、身を粉のようにして働く。部長として練った会社躍進計画の一環としてのリストラ案に、自分が対象として選ばれることになった。58歳である。退職後、酒に溺れていくことがわかっていたが、自分ではどうすることもできない。1年間無職をつづけて浮世の垢を洗い流してから、2度目の勤めに出ようという腹案は、年金受給によって、アホらしく思えてきた。妻に勧められた人間ドックで、高血圧、糖尿病、肝機能障害がわかったので、検査表を手に病院に行ったところ、禁酒と食事制限、運動を指示された。何とか指示された通りの生活を踏み出したら、頑固な睡眠障害が出現した。そのため、昼間にデパス（抗不安薬）1錠、就寝まえにハルシオン（睡眠薬）1錠が投与される。運動努力、減食努力は可能であったが、禁酒のほうは1週間だけに終わり、生活習慣病はあまり改善されなかった。

朝酒、昼酒、晩酌を欠かすことができず、四六時中、疲労感がただようようになってきた。病院で、デパスとハルシオンの投与を受けていたので、それが疲労感を招いていると思われたが、薬を切ることができない。

65歳、いよいよ体力喪失の感が深くなってきたとき、初孫が誕生したのである。妻の喜びようといったらない。が、庄之助には孫の愛らしさがわからないようになり始めていた。1日中、自室にこもり、妻に見つからないように飲み、酔っては寝、覚めては飲み……夕食時にへべれけになって台所にあらわれるようになる。することがチグハグになり、ただの壁をドアと思って押すのである。トイレの履物で畳の上を歩き、クーラーの冷房と暖房のボタンの区別がつかなくなり、真夏に暖房したり……。着衣、脱衣に恐ろしく時間をかけ、口の端に食べ物の残り滓をつけ、酒瓶をさげて家中をぐるぐる歩く……。着衣に時間をかけても、パンツや肌着を忘れることがあるのである。

たまりかねた庄之助の妻が、新聞に載っていたアルコールの専門病院にかかるか、どうかで親族に相談した。集まった数人に異論がなく、ただちに連れていくべしとなる。玄関まえに親族が出て、妻の車に乗り込む庄之助を見送る。開かれたドアに体を押し込む直前に庄之助が、振り返って、お辞儀し、「みなさん、先生がた、育友会長さん、お見送り有難うございます。どんな困難にも辛抱して、帰ってきます」と呆けた頭で言うのである。ちょうど半世紀まえ、集団就職で九州の地を離れる朝、育友会その他に挨拶したことが脳に刻まれていたのだろう。

院長は詳しく訊きだしてから、「完全なアルコール依存症ですし、薬物中毒も疑われますね。今後は酒を断ちつづけなければ1、2年先に死ぬでしょう。断酒を継続すれば、認知症状は相当治るでしょう。入院が必要です」と言う。庄之助は微笑を浮かべて聞いていた。

「60歳代以降にアルコール依存症が見つかる人は、2種に分かれます。1つは、50歳代にすでにアルコール依存症であった人が、退職をきっかけにした酒量増大によって重症化するタイプです。2つ目は、50歳代にこれといったアルコール問題をもたず、退職後にアルコール依存症が発病するタイプです。大前さんは、後者のようですね」と院長がいう。庄之助の妻が、「主人には薬が曲者のように思うんですが……」と口を挟んだ。

「不眠や不安を訴えて処方箋薬を飲みつつアルコール依存におちいった人が少なくありません」と院長が応えた。

「主人はお酒が好きですが、お薬も好きです。お薬も手放せないのです」と妻が言う。

「不安や不眠を改善する薬は、大別すると、ブロム剤、バルビツール酸剤、ベンゾジアゼピン系剤に分けられます。アルコール依存症の人たちが、ベンゾジアゼピン系剤を常用していることがよくあります。依存薬物の分類では、ベンゾジアゼピン系剤は、アルコールと同じグループに入ります。この薬は精神依存、身体依存を招き、アルコールと相互に置き換えが可能です。デパス、ハルシオンは、ベンゾジアゼピン系剤の代表的薬物です。

薬理学的研究では、デパスを2週間、少量投与された人が、中止後、せん妄状態におちいった事例が明らかになっています[11]。これらの薬とアルコールを併用すれば、相乗作用で強い薬害とアルコール依存が出現します。そして、デパスとハルシオンは、高用量依存につながります。常用量依存でも、なかなかデパス、ハルシオンをやめることができなくなり、薬欲しさに長期にわたって通院することが少なくありませんね[12]」と院長が言う。

庄之助の妻の顔が曇る。

「デパス、ハルシオンの中毒が、アルコール依存症の進行に歩調を合わせて生じることが多いのでしょうか」と妻。

「まったくその通りです。また、アルコール依存症から回復しているのに、デパス、ハルシオンを手放すことのできない人もいます」と院長。

「困りますね」

「医者も患者も、デパス・ハルシオンの薬効が的確であるために、頼ってしまうのでしょうね。実にキレのいい薬なのです。ベンゾジアゼピン系剤を簡単に投与する病院に薬物中毒的な患者が集まり、また、患者をつづけて通院させる方法として、これらのベンゾジアゼピン系剤を安易に出している場合もあります」(13)と院長が言った。

「お酒は脳細胞を減らすそうですね」と庄之助の妻が訊いた。

「アルコールを飲みつづけてきた人の脳は、普通の人より萎縮が早く始まります。千葉大学の調査では、萎縮の始まる年齢も、2合以上飲む人は、飲まない人または1合程度の人より10年近く早まることが確認されています(14)。

ご主人は定年後にアルコール依存症になられたようで、色々とお困りのことが出現したようですね。脳のなかでも前頭葉は、アルコールの影響を受けやすく、判断力が低下し、自己中心的な言動の原因ともなり、公衆マナーや社会ルールを平気で無視するようにもなります。アルコール依存症は病気です。ご主人は、デパス・ハルシオンとアルコールとの併用ですから脳は相当打撃を受けていると思われます。しかし、アルコールによる認知症状は、断酒継続によって、相当回復した実例が多く、また逆に、飲酒によって進行して認知症状が深まります」と院長が応じた。庄之助の妻は、アルコール依存症は病気であり夫がその病人であるという部分に、少しだけ夫を許せる気がした。

・青木美智子　女性酒害者、ブラックアウト、膵炎

美智子（31歳）は、両親、兄1人の平凡な家庭に生まれ育ち、その父も晩酌するのは月に2、3回であった。母は、冠婚葬祭でも、杯に口をつけることさえしない。美智子は、中高時代、お金に関する関心が高い点をのぞけば、どこにでもいる普通の女の子であった。短大を卒業してから、地元の銀行に就職する。学窓時代、友人と食事するとき、ワインを飲み、カラオケボックスでも飲むことがあった。銀行では、「積極的で明るく、クヨクヨしない性格で、負けず嫌い」が買われて営業店の窓口業務に就いた。

支店単位で親睦のために、ハイキング、花見、ボーリング大会、観劇、テニス大会などが、特に若い層を対象に企画され、美智子はそれらのレクリエーションがすんだあと、少し飲むことがあった。

同期の女性と、1泊2日あるいは連休などでは2泊3日の旅行にでかけることもあった。美智子は、電車に座ると、男性のようにカップ酒を飲んで友だちを驚かせたこともある。美智子は幼いころよりお金を尊重する性癖があったが、銀行勤務がこれに磨きをかけたようである。

姑になるはずの老女性は融通が利かず強情一点張りで思い込みが激しいという欠点に目をつぶって、美智子は資産家の跡取り息子と24歳で結婚した。司法書士の夫は、何ごとにも中庸を好み、また、やさしい人である。姑は家のまえの畑で、年中、野菜を栽培している。上手に着物を仕立てる才能もあり、文

字が上手で文章もうまい。2紙の新聞をすみずみまで目を通し、政治に理想をもっている。姑が「息子を嫁に盗られた」と思っているだろうと美智子が考えている。

窓口業務が3時に終わって、現金の出し入れをチェックしていく。帳簿にある金額に現金が10円、20円足りなくとも、調べつづける。9時ごろ帰宅すると、腹をすかせた夫は、子どもを抱きながら穏やかな表情を向けてくれる。が、姑はキッと睨み、壁時計を指さす。夕食時、どんな野菜であっても、姑は自分が丹精こめて栽培したことを強調し、美智子が感謝を口にしないとき、箸を投げつけることもあった。

職場よりも家の中にストレスが多かったが、美智子は支店長代理→支店長→重役という出世の階段を昇っていこうと思うようになった。ゴルフは、県内の役席・行員と友誼を結ぶのに効果的であると彼女は考えた。

プレーのあと、当然飲み、さらに女性ばかりで繁華街に出て飲む。そのうち、夫にむりやりビールを飲ませた上、自身もおおっぴらに晩酌するようになった。本店検査部に異動となり、部員たちが行員の誰も出勤していない早朝、合鍵で店内に入り、帳簿その他を調べきる。私物まで検査する。検査業務は、1店3～5日要するが、最終日は半日である。その日はすし屋・スナックで飲むか、自宅に戻って飲むかである。そして過飲となる。次の朝、検査最終日における飲酒行動が思い出せない。あわてて紙に行動の順を書くが細かい部分が思い出せない。その後、記憶の空白が常態化していく。

美智子が実家に長男を連れて帰るとき、姑は自分がつくった服を着せよと言い張る。悪筆の美智子に、姑が、孫に習字を教えるとき、あんたにも一緒に教えてあげる、と言う。

姑との不和に苛立っていたある平日、美智子は体の具合が悪く早退して帰り、夫が敷いてくれた布団に横になった。夫は落ち着いてきたら、病院に連れていこうと言っていた。

そのうち、美智子は体を海老のように曲げてうなりだす。痛みは上腹部を中心に背中にむけて突き抜けるような激痛が走っているようである。体の毛穴という毛穴から脂汗がにじみ出ている。夫が救急車を呼び、入院する羽目になってしまう。食あたりだろうと推定していたが、検査の結果、急性膵臓炎という病名が付いた。

夫が「今回の急性膵臓炎の背後にアルコールの病気が隠れている気がする。退院したらアルコールの病院へ行こう」と言う。退院後、訪れたクリニックの院長が、注意深い診察の結果、「アルコール依存症です。今後、一滴の飲酒もいけません」と宣告した。

「膵臓は、消化酵素をふくんだ膵液を分泌し、膵管を通して十二指腸にそそぎこんでいます。膵管が詰まったり、膵臓の血行が不良になると、膵液が膵臓を消化して猛烈な痛みを発します。[15] これが急性膵炎です。急性膵炎は、酒好きで脂っこい食べ物を好む人に多いことが明らかになっています。[16] 一般の人でも急性膵炎になったら当分は絶対禁酒し、アルコール依存症者ならば生涯断酒する必要があります。あなたは、姑とのことで苦労されてきましたが、女性のアルコール依存症発病の裏に、夫婦間の葛藤、嫁―姑関係、子育てや性周期などの女性特有の問題が横たわっていることが多いものです。[17] あなたにはご主人に大切にされていますが、女性はアルコール依存症が疑われる病状になっても、男性と比べるとアルコール医療を受診し難い事情があります。それは世間体です。夫も出世に響くといって受診を拒むことが

少なくありません」と院長が説いていく。美智子の夫が、

「記憶に空白ができるようですが」と訊いた。

「酩酊しているときの一時的記憶喪失は、ブラックアウトと表されていますが、第二次大戦のとき、灯火管制をブラックアウトと言ったことに語源があります。ブラックアウトは、アルコール依存症の初期から末期までに頻出する症状ですよ。アルコールが脳と神経系に対して抑制する結果ですね」と院長が答えた。美智子が、

「女はアルコール依存症になりやすいのですか」と訊く。院長は、

「女性の飲酒が急激に増加しつつあります。この40年間ほどの間に、女性の飲酒率は3倍以上に増加しています。これは、社会構造の変化や女性の社会進出によると思われます。特に若い女性の飲酒率が高く、男性に接近しています。しかし、飲酒量については、まだ、かなり差があります。

女性は一般的に男性と比べて、少量のアルコールで、また、飲酒を開始してからの短い年数で、アルコール依存症になることが知られています。男性の場合、1日3合を11年間飲めば、アルコール依存症になると言われています。女性は、その半分の量、半分の期間でアルコール依存症になることが多いようですね。その原因は、①女性は、男性に比べて体重や肝臓が小さいこと、②女性は男性に比べて、体脂肪が多く、その分、水分が少ないこと（脂肪組織にアルコールは溶けにくいために、体重あたり同量のアルコールが入っても、水の量の少ない女性ではアルコールの血中濃度はむしろ上昇しやすい）、③飲酒後に胃の壁を通過して吸収されるときにも、アルコールは分解を受けるが、アルコール代謝の速度は女性が低

いことなど、(18) さまざまな要因が関与しています」と答えた。

・鬼道秀一郎　糖尿病

未成年時代にも大学時代にも、飲酒することがあったが、年に数回にとどまり、習慣飲酒することがなかった。就職して飲む機会がぐんと増えた。酒は対人関係を円滑にしてくれるし、情報を入手する便利な方法でもあると信じ、20歳代後半には同僚を酒場に誘うことが増えてきた。秀一郎は、職場の同僚女性と結婚し、両親の家を出た。親への遠慮や親の視線を感じることがなくなり、趣味がアルコールになっていく。

妻の出産にも立会い、生むことの苦しみ、喜びをともにした。が、職場では気持ち悪い奴と陰口をきくものがいた。秀一郎が育児休暇をとった。ミルクを飲ませ、オシメを換え……という毎日にアクセントを付けるべく少し飲酒するようになった。ほろ酔い気分でわが子の寝顔を見ていると、国立の一流大学を出たし、美貌の女性を妻にしたし……幸福感にも酔う。休暇の後半には缶ビールが焼酎に変わり、1日1度が2回の飲酒になっていた。夕刻、職場から元気よく帰宅する妻に、飲酒を勘付かれないように、2回目の飲酒は午後3時に終えた。31歳で組合分会の長を要請され、定まった仕事にプラスして組合の仕事もしなければならず、そのため葛藤が増え、毎日飲酒をするようになっていく。

秀一郎には悩みがあった。不能になっていたのである。妻の出産に立ち合い、言いようのない気味悪さを感じたことが因となって妻を抱けないのである。35歳でなり手のない組合の本部役員になったが、活動家は非常に酒を好み、その面でも不運であった。職場代表者会議、中央委員会、執行委員会、専門委員会の集まりのあと、戻った書記局の床に一同が車座になって一升瓶を回すのである。あるいは、ぞろぞろと夜の街にくり出し、安酒場で喧々諤々と論じ、乱酔し、咆哮するのである。

秀一郎は口が渇き、水を頻繁に飲み、トイレも頻繁になる。病院での検査から糖尿病であることがわかる。その医師は、問診内容から、アルコール系のクリニックを紹介した。日を改めて訪れたクリニックの院長が、

「鬼道さん、あなたは歴としたアルコール依存症です」と宣じた。院長は、

「酒は、飲み物、食料、薬物という3つの属性をもっています。食事とは別に、食料としての酒を飲むので、結局、摂取カロリーが多くなって糖尿病の原因となるのです。また、運動をせずによく食べる人は、肥満し、膵臓の働きが低下し、インスリンの分泌が悪くなります。アルコール自体もインスリンの分泌を悪くするため、血中の糖分が代謝されず、そのうち糖尿病になります。

糖尿病でもアルコール依存症でなければ（アルコール性肝障害や膵臓疾患の合併がなければ）、食事をしながら適量のアルコールなら摂取してよいのです。[19] しかし、あなたは糖尿病を合併症とするアルコール依存症だから、アルコールは一滴も飲んではいけませんよ」と解説するのであった。

・茂木草介　後期高齢者の酒害、胃腸障害、栄養失調

茂木は、高校を終えてから市役所に永年勤務し、酒だけが唯一の友達である。妻も隣接する市役所に

勤め、家計は苦しくない。40歳代に入ってから、慢性的に吐き気、腹痛、食欲不振、下痢などの胃腸症状が出るようになってきた。過飲の翌朝、白い陶製の便器が鮮血に染まることもある。30歳代から40歳代にかけて、飲みに飲んだものである。

課長になり帰宅が遅くなっていた50歳過ぎで、仕事中に倒れ、病院に運ばれた。検査、検査で1週間が過ぎ、主治医が茂木夫人に伝えたことは、栄養失調である。血圧は基準値内にあり、心配はいらない。低栄養状態で、特にビタミンB_1、B_2、鉄が不足しているらしい。茂木夫人は料理をつくる立場から心外でもあり、恥ずかしくもあった。

茂木は定年を機に完全にリタイアした。酒で死んでも本望だと思っていたので、毎晩、相当量を飲む。早朝の散歩、囲碁クラブなどにも時間を費やしたが、やはり飲むことに重心をかけていた。現役時代の友人がきて、マージャンをすることも、飲み歩くこともあった。適量は清酒換算で4合というところである。人間ドックに行くと、胃カメラを飲めと指示されたが、検査結果は萎縮性胃炎と胃潰瘍らしい治癒跡である。

古希を祝って数年後、夫人が胃ガンで死んだ。夫人のガン死に耐えられず、茂木の酒量はいっそう増えていった。スーパーからさげて帰る袋には酒類も入っていた。

隣町に住む娘が、実家に戻ってくると、仏壇にむかって拝む父の、小さくなった後ろ姿があった。そのうち、娘夫婦が引き取って一緒に住むようになったが、あいかわらず飲みに飲む毎日である。娘は長生きしてもらいたいと思ったが、娘の夫は、「もぅ長いわけではないから……」とか「今まで懸命に生きてきた人だから……」と言うのである。

専門病院の医師が「りっぱなアルコール依存症です。過飲からきていた胃腸疾患だったようです。断酒会というものがあり、そこで活動すれば長生きできますよ」と話した。茂木の娘は、病気の正体がアルコールにあったので気持ちが強くなってきた。医師は、

「高齢者の場合、退職などの生活状況の変化によって、社会的活動や交際範囲が狭くなり、周囲の人たちがアルコール問題を指摘することがなくなります。それで、問題の発見が遅れたり、問題視されないことが一般的に認められるようになります。[20] また、高齢者の場合、普通の病気の慢性症状とアルコールによる症状との区別が難しいのです」と言った。

【註】

（1）高木敏・猪野亜朗『アルコール依存症　治療・回復の手引き』小学館、2002年、30頁。

（2）森岡洋『よくわかるアルコール依存症　その正体と治し方』白揚社、2002年、40頁。

（3）中本新一『脱「アルコール依存社会」をめざして　日本のアルコール政策への提言』明石書店、2009年、53頁。

（4）洲脇寛・内海剛聡「病的酩酊」（『アルコール関連障害とアルコール依存症』日本臨牀、第55巻、1997年、303―304頁。

（5）森岡、前掲書、23頁。

(6)高木・猪野、前掲書、27頁。
(7)森岡、前掲書、30頁。
(8)清水新二『アルコール関連問題の社会病理学的研究　文化・臨床・政策』ミネルヴァ書房、2003年、63—64頁。
(9)アルコール保健指導マニュアル研究会編『健康日本21推進のためのアルコール保健指導』社会保険研究所、2003年、81頁。
(10)同書、81頁。
(11)全日本断酒連盟「かがり火」(全断連機関紙)縮刷版、2009年、144頁(「かがり火」、2001年11月号を転載・縮刷)。国立肥前療養所　医師・村上優の論文が記載されている。
(12)同書、144頁。
(13)同書、144頁。
(14)高木・猪野、前掲書、29頁。
(15)同書、23頁。
(16)同書、23頁。
(17)石井宣彦「女性アルコール依存症の治療」(河野裕明・大谷藤郎編『我が国のアルコール関連問題の現状—アルコール白書』、厚健出版、1993年)、94頁。
(18)アルコール保健指導マニュアル研究会、前掲書、86頁。

(19) 鈴木成時「アルコールによる糖代謝異常」(『アルコール関連障害とアルコール依存症』日本臨牀、第55巻、1997年、182頁。
(20) アルコール保健指導マニュアル研究会、前掲書、95頁。

第2章 断酒会の創設と酒害者

第1節　通院か入院か

アルコール依存症の疑いが強まったとき、通院治療か入院治療を選ぶことになる。しかし、患者がどのような条件のとき、通院になり、あるいは入院になるのかという厳密な基準はなく、患者・家族における入手情報に左右されることが多いのが現状である。内科医から、「このアルコール病院に行きなさい」と指示されたときに選択の余地はない。昔は、朝まで飲んでいて、昼まえに「受けいれてあげよう」という病院があらわれ、午後、アルコールの匂いをただよわせてあわただしく駆けつける、という入院形態が多かった。つまり、ここでも選択の余地がなかった。しかし、アルコール依存症に「軽症化」の波が押しよせ、また、一定程度の知識の普及とあいまって、事前にいくつかの病院やクリニックに関する情報を集め、ここはという医療機関を調べて、数日まえから禁酒して、男性ならネクタイを締めるなどキチンとした服装で受診するケースが増えている。つまり、多少、都市部を中心に選択の余地も生じてきているのである。

久里浜病院（現、久里浜アルコール症センター）の医師・林田基は、いくつかから成る入院治療対象条件を掲げている。[21]①過去における断酒の不可能、②過去における通院による断酒の不可能、③入院を必要とする身体的精神的疾患の併発、④外来通院が困難、⑤家庭やその他の外的条件があって、外来での治療に期待が持てない、という5項目をあげている。林田は、以上5つの条件の少なくとも1つを満たし、かつ患者が入院治療を希望するか、あるいは了承した上で入院すべきことを説いている。

私は個人的には入院治療が優れていると思っている。断酒会に入会してきた人たちのその後の転帰を見ていて、そう思う。初めてアルコール専門外来の診察を受けたときに、「1カ月にわたって毎日通院するように」といわれるのが普通であろう。

早朝、家を出て、電車を乗り継ぎ、クリニックに着くと、抗酒剤、ミーティング、診察、点滴（解毒・栄養）、昼食、酒害教室、デイケアが待っており、帰宅すれば夕方だろう。クリニックが遠方なら体力の落ちている酒害者には酷である。「1カ月の毎日通院」ということは、会社員ならその期間を病欠するか休職しなければならない。

通院治療では、患者は治療まえと同様に酒類のあふれた環境に直面しなければならない。自販機のまえを通らねばならないし、駅のキヨスクにも酒が売られている。外すことのできない酒席があるかもしれない。家庭でも注意してくれる家族がいなければ、飲酒してしまいやすいはずである。要するに、通院治療では飲酒機会の防止の点で、それが非常に緩やかなのである。

医療にかかるやいなや酒を断つ。ほとんどの場合、離脱症状が出現する。イライラ、クヨクヨ、不眠、不安、怒りやすさなどの軽いものなら、マイナートランキライザーの服用や注射で十分だろうが、重度の振戦せん妄や意識の濁り、幻聴・幻視などの重い症状が出たとき、通院治療なら不測の事故が起きることがある。進んだ肝硬変、食道静脈瘤破裂の恐れ、マロリーワイス症候群(22)、アルコール性認知症なども通院治療では危険である。

通院に時間がかかる場合など、院内プログラムが盛りだくさんであることに比例して、毎日があわただしく感じられる。家とクリニックを往復するだけの毎日になりがちで、肝心かなめの〈自分のアルコール問題に対する内省〉が鈍っていく。内省が進んでこそ、アルコールをやめていく心的エネルギーが生まれるのだが、通院治療ではその部分が弱い。

専門外来が広がっている理由を述べたい。1979年(昭和54年)、厚生省アルコール研究班による「アルコール中毒診断報告」が出された。この報告書において、従来の医療に加えて、初めて酒害予防の地域対策が示されたのである。1985年(昭和60年)、日本のアルコール医療に影響をおよぼす公衆衛生審議会が、「アルコール関連問題対策に関する意見書」を提出したのだが、ここで「従来は、医療に焦点を合わせて施策を進めてきたが、今後は予防、社会復帰を含めた包括的対策を確立すべきである(23)」と明言した。そして、予防(特に未成年者に重点を置く)、医療(特に地域医療と専門病棟の充実)、社会復帰という3方向における包括的対策の確立が説かれた。つまり、地域医療という名のアルコール専門外来の全国的推進は、厚生省(当時)のアルコール関連問題対策にかかわる政策の1つとなった。要するに、入院形態に加えて通院によってもアルコール依存症を治すということが、民間民営の力を活用した国策となったのである。

入院治療では、ゆっくりした時間のなかで、自分と自分の酒害をたっぷり凝視できる。また、心身の病気を医学的に管理されることによって、集中的に治療してもらえる。病的な飲酒欲求の強い日々を酒のない所で過ごせる。脱・飲酒習慣をめざして、規則的な生活習慣を確立することもできる。以上が入院治療のメリットである。

第2節　断酒会の創設

病院・クリニックでの治療終了とともに、セルフヘルプ・グループに加入することになる。断酒会は、日本禁酒同盟の活動を母体に、アメリカのＡＡ（Alcoholics Anonymous：匿名断酒会）を模倣し、それを日本的に翻案して誕生した。したがって、日本禁酒同盟やＡＡの起こりについて述べねばならない。

上記２つの団体は、19世紀アメリカのテンペランス運動（プロテスタンティズムからの禁酒運動）に影響されて生まれたものであるから、同世紀におけるアメリカの禁酒運動から入る必要がある（従来、わが国ではテンペランス運動とのかかわりで、断酒会が論じられることはなかった）。

18世紀後半から19世紀中期にかけてのころ、アメリカは酒害にみちていた。産業革命によって、安価な酒類が大量に出回るようになったのである。確立した蒸留技術も安価なウイスキーを市場に放出する原動力になっていた。

19世紀に入ってから、怠惰・貧困・疾病・家庭不和をもたらすものがアルコールの過飲だと信じられ、酒害の撲滅が社会の主題になっていく。様ざまな禁酒運動もしくは禁酒団体が生まれた。アメリカ禁酒会（1826年）、ワシントニアン運動（1840年）、キリスト教婦人禁酒連盟（1874年）などがそれだ[24]。

このなかで20世紀のAAと関係深いのがワシントニアン運動である。この運動は、1840年にバルチモアの6人の大酒飲みによって始まり、初代大統領の栄誉にちなんで名付けられ、1843年までに全米に急速に広がった。このグループにおけるミーティングは、キリスト教の信仰復興の集会をモデルとしており、以前のアルコールとの戦いや、酒類に対する欲望を告白する形式を取っていた[25]。

ワシントニアン運動の人々は、アルコール中毒はコントロール喪失をもたらし、死にたくなければ絶対禁酒が不可欠であると信じていた[26]。

ワシントニアンは、高度に秘密的であり、非メンバーを締め出してクローズド・ミーティングを開いていたが、匿名については厳格ではない。大勢のアルコール中毒の者と節酒する者も入っている。ミーティングではテンペランス運動の理念、すなわち進行性、最初の一杯が命とり（コントロール喪失）、病気説が語られていく。しかし、1840年代の終わりに劇的に衰退した。ワシントニアン運動がAAの原型であることに間違いがないが、AAとの重要な相違点もある。AAは、①アルコール中毒者だけが集まり、②完全な断酒を実行し、③政治的・社会的問題にかかわらない、とする。

20世紀の初頭、新移民が大量にアメリカに流れこむ。彼らは、新しい慰安である酒場にたむろすることが多かったが、そこはドイツ系が経営しているのであった。これを快く思わないアメリカ政府が、大衆にある禁酒志向を利用して、酒場を壊滅させることを目的に、禁酒法（１９２０～１９３３）が制定されたのである。(27)

禁酒法が廃止になってすぐの１９３５年に、結果として有名になるビルとボブが遭遇してアルコール中毒者のセルフヘルプ・グループとしてＡＡが創設される。幸福な少年時代を送っていたビルは、高校でも人気者であったが、ガールフレンドの急死に衝撃を受けて高校を中退した。

その後の第一次大戦に従軍して活躍する。結婚もし、戦争も終わったあと、鉄道会社で働くようになったが、うまくいかず証券会社に職を得た。しかし次第に酒害が表面化するようになっていく。そこでオックスフォード・グループ（１９２０年から１９３０年代にかけての信仰団体で、アルコール中毒者も加入していた）につながって酒類をやめようとする。彼は１９３５年5月、オハイオ州のアクロンという町で、ボブとめぐり合う。ボブは名の知れた外科医であったが、アルコール中毒の治療を受けている。ボブも宗教心に篤く、オックスフォード・グループに所属していたので、病院入院中に霊感体験をもったビルの終生の友人となり、ＡＡの共同創始者となった。

ビルとボブの邂逅から10余年で、態勢が整う。メンバーたちは、１９３８年、「アルコホリック・アノニマス」と題する本を公刊したが、のちビッグ・ブックと呼ばれる。そしてこの本の出版を契機にして、書名のイニシャルからＡＡと呼ばれるようになる。

同時に、それまで口伝えであったものが、「12のステップ」として編まれた。[28] ここに創始者たちの体験やオックスフォード・グループの運営方法が述べられている。アメリカでは個人主義を大切にしているから、配偶者にもミーティングはクローズドということになった。草創期に、グループ内で、意見の衝突、分裂、金の貸し借り、医療機関や政治との関係、その混乱を通して、他の中毒者団体やワシントニアン運動が学ばれ、それが「12の伝統」として定められる。すなわち、①アノニミティ（無名であること）の重視、②内部でメンバーが平等であること、③外部の人々、団体に介入されたり、介入しないこと、④ＡＡが経済的に自立していること、を強調したのである。[29]

日本に目を転じたい。明治の初年に、19世紀アメリカのテンペランス運動に影響されて、横浜、札幌、仙台、東京、信州などにキリスト教徒が中心になって、禁酒会が創られ、１８９８年（明治31年）には日本禁酒同盟が創設された。

明治期の禁酒団体にアルコール中毒者もかなり在籍していたが、彼らは団体の指導者（健常者）が説く「酒のない社会を築こう」という言説に合わせて短い期間、禁酒するのであるが、すぐ元の木阿弥にもどるのである。アルコール中毒者だけが集まり、中毒の内容や断酒決意を語りあうことを通して、アルコール中毒者もしらふで生きていけるということが、この時代にはまだ理解されていなかった。

最初にＡＡを知ったのは日本禁酒同盟の山室武甫である。山室は、１９５０年（昭和25年）、禁酒新聞にＡＡの紹介記事を載せ、１９５２年（昭和27年）にはエール大学のアルコール研究夏期講座に日本人としては初めて入校した。山室は夏期講座でアルコール中毒者でも酒をやめられることを学びとり、模擬ミーティングも見せてもらって帰国する。

その後、日本禁酒同盟の酒害相談所に出入りする人たちの間で、ＡＡの日本版をつくる機運が高まり、１９５３年（昭和28年）、日本禁酒同盟のなかにわが国で最初の断酒会として「断酒友の会」が発足した。初めの半年ほどは、ＡＡ方式によって運営されている。しかし、家族、文化、その他様ざまな国民性の違いと、健常者の禁酒主義者の指導による活動であったので、４年余りで挫折した。[30]

「断酒友の会」は、健康な一般人の指導によって運営され、そこに少なくないアルコール中毒者が加入していた。健常者が、酒のない社会を主張し、それに従うアルコール中毒者が短い期間だけ禁酒し、すぐ元のアル中地獄に舞い戻るのである。その後の１９５８年（昭和33年）12月、日本禁酒同盟に残っていた断酒グループと、「断酒友の会」の断酒グループが、アルコール中毒者に主体性が認められる断酒会、すなわち東京断酒新生会を結成したのである。[31] 全日本断酒連盟（以下、全断連）の源流は、東京とともに高知にもあるので、以下、高知のこともみる。

１９５８年（昭和33年）９月、高知市で日本禁酒同盟の会員による禁酒講演会が開かれた。このときアメリカのＡＡと東京の断酒会について話されたのである。講演に感銘した松村春繁らが、同年11月に高知県断酒新生会を立ち上げた。会員は、松村の他に1名いるだけの門出である。東京と高知の２つの断酒会は、日本禁酒同盟が媒介したＡＡ方式に強く影響されて発足したわけであるが、運営にあたっては、当初から日米間の文化、思想、宗教観の差異によって生じる問題をなくすことを試行錯誤する。その結果、ＡＡの非組織性、匿名制、献金制の３原則を捨て、組織化、実名、会費制によって運営するなど、ＡＡを模倣しながらも国民性に合致した、日本的な断酒会への性格づけが行われた。

例会の冒頭に朗読する「断酒の誓」には次のようなエピソードがある。山室武甫がＡＡの「12のステップ」を10カ条に縮め、松村春繁の主治医である下司孝麿がそれを5カ条に組み替えて今日の「断酒の誓」の原型ができあがったという[32]。

東京断酒新生会および高知県断酒新生会が創設されて5年後の１９６３年（昭和38年）、この2つの断酒会が合同して、全日本断酒連盟（全断連）が結成され、松村春繁が初代会長におさまる。

第3節　セルフヘルプ・グループの要件

本節は、参考文献として読んだ『知っていますか？　セルフヘルプ・グループ　一問一答[33]』『セルフヘルプ・グループによる回復　アルコール依存症を例として[34]』『セルフヘルプ運動とソーシャルワーク実践　患者会・家族会の運営と支援の方法[35]』『セルフヘルプ・グループ　わかちあい・ひとりだち・ときはなち[36]』の4冊に影響を受けて述べていく。断酒会はセルフヘルプ・グループであるが、どういう点にセルフヘルプ・グループの特徴があるのかを明らかにしたい。

わが国で初めて断酒会をセルフヘルプ・グループとして把握して論じたのは、家族研究の清水新二である。清水は、日本で最初のアルコール外来の設立に参画して臨床にも腕をふるっていた社会学者である。

全国的な組織をもつセルフヘルプ・グループだけでも、１９９４年時点で、約１００団体に上るという。[37] 世界で最初のセルフヘルプ・グループは、1935年にできたアルコール依存症のAAが始まりであるとされているが、[38] わが国でも名実ともに独立したセルフヘルプ・グループとして、1948年（昭和23年）に日本患者同盟が、1951年（昭和26年）に全国ハンセン氏病患者協議会が設立された。今日ではセルフヘルプ・グループとして最大規模をもつのが全断連で、その後、断酒会をモデルにして多くのセルフヘルプ・グループが誕生している。

なぜ、セルフヘルプ・グループが増加したのであろうか。第2次大戦後に国民における市民意識が高揚し、社会参加の要求が強まったこと、人と人が生活の場でつながり結び合う機会が増えたこと、不適切な医療・福祉制度の改善と整備を要求する声が高まったことが、その原因である。また、家族やコミュニティ集団の相互援助機能の低下にも原因があるとする指摘もある。[39] 全国的なセルフヘルプ・グループだけでも約100団体あるというが、それらセルフヘルプ・グループにはどんな機能・特徴があるのだろうか。それらに関して、岩田泰夫は、次のように書いている。[40]

セルフヘルプ・グループの主たる特徴は、①メンバー同士のM・ブーバーふうの「我と汝」の実存的な関係性（仲間性）と、②メンバー（個人）とグループ（集団）の関係性そのものに着目した、仲間関係の形成という目的と、③仲間による相互援助の展開、なおかつ④相互援助がなされないと成立しないように工夫されたシステムにみることができる、と述べている。つまり、岩田は、自立性の強化と仲間性の形成、および相互援助がセルフヘルプ・グループの生命であると主張しているのである。

それでは、どういう団体がセルフヘルプ・グループであるのか。つまり、団体がセルフヘルプ・グループとして誕生するとき、どんな成立要件をもっているのか。それには3つの成立要件があり、1つでも欠けたらセルフヘルプ・グループとはいえない。

1番目のそれは、共通の体験である。同じような体験をしてきた人々がグループを創って集まる。そこでは、体験を同じくする者同士が思いを語り、情報を交換して共有していく。仲のよい友人や家族がいても、彼らにわかってもらえない悩みをもっている。例えば酒害者におけるコントロール喪失の苦しみ、悩みなどは、親友・家族には理解され難いが、断酒会であれば共感をもってすぐ理解してもらえる。断酒していく喜びも、酒害者同士であれば共有してもらえるが、健康な飲酒者なら理解ができない。このように同じ体験をした人々のグループに来れば、悩みは簡単にわかってもらえる。

ソーシャルワーカーや臨床心理士、あるいは医師がどんなに専門的知識がゆたかであり、熱心にセルフヘルプ・グループを支援していても、アルコール依存症のセルフヘルプ・グループの仲間にはなれない。アルコール依存の体験がないからである。セルフヘルプ・グループであれば、みんなアルコール依存という同じ体験をしているものだから、その気持ちをわかちあえる。

セルフヘルプ・グループに共通して存在する「言いっぱなし、聞きっぱなし」という不文律が一層くつろいで語れるようにしている。体験を話しても、自分の体験談を批判したり詮索したり、あるいは否定したりする人がいないのである。同じ体験をしていることを通して、気持ちをわかちあい、さらに情報や考えもわかちあうようになっていく。

共通の体験があれば、年齢、学歴、職業、経済力、性、出身地など人々を分断し、人間をランクづけする属性に無関係に、誰でもセルフヘルプ・グループに迎えられるのである。アルコール問題に詳しい研究者、医師、ソーシャルワーカー、臨床心理士、保健所職員でも、アルコール依存の体験がなければ、ＡＡや断酒会の会員になることはできない。

セルフヘルプ・グループの２つ目の成立要因は、自発性である。セルフヘルプ・グループは、保健所や市役所、病院に指示・要請されて創ったものではなく、問題や困難をもった人が発起人となって呼びかけてできたものだということである。

セルフヘルプ・グループにまぎらわしいものとして、病院や専門外来には院内断酒会や院内ミーティングが置かれている。それらは、病院が患者の治療のために強制的に体験を交流させる目的で置いたものである。したがって、嫌々ながら座っている人々が多いようだ。それでも、患者は、家庭や職場では得られない安らぎや認識を得ることもあるだろう。しかし、院内断酒会や院内ミーティングはセルフヘルプ・グループではない。それらは、病院が創ったものであって、問題・困難をもつ当事者が自発的に生み出した会ではないからだ。

以上見てきた通り、セルフヘルプ・グループの成立要件として、「共通の体験」「自発性」が欠かせないのであるが、３つ目のそれとして、「活動の継続性」が必要であると社会福祉学の岡知史が述べている。[41] １例としてであるが、みんな行楽地に花見に行ったとする。わいわい言いながら酒を飲んだ。すこし離れたところで、若者たちも桜の木の下でコンパを開いている。そのなかの１人がイッキ飲みをさせられて、急性アルコール中毒で倒れ、大騒ぎになった。

周囲の人たちが心配して救急車をよび、若者を病院に送り、そのあと、誰かれとはなしに飲酒についてみんなが話し合った。飲酒について話し合うのは共通の体験であるし、心配して救急車をよんだのも自発性である。しかし、行楽地での自然発生的な活動は継続性がなく、セルフヘルプ・グループとは呼べない。

また、大学には、就職活動中の学生が集まる就職部資料室がある。求職とはきわめて大切なもので、資料室で相互に情報を提供し、毎日のように顔を見せ合っているうちに仲間意識が芽生える。彼らは、同じ大学の4年生で求職に飛び回っている仲間である。支え合い、励まし合う関係にある。就職活動という共通の体験があるし、求職にも自発性がある。しかし、資料室における求職学生の集まりはセルフヘルプ・グループとは呼べない。なぜなら、花見の日における飲酒に関する話し合いと同様に、資料室に集まる学生の就職に関する話し合いは、内定をもらったら終わりというような一時的な偶然に成り立つ活動であって、そこには「活動の継続性」がないからである。セルフヘルプ・グループは、日時を設定した例会で、何年にもわたって、問題や困難を語りあって、わかちあっていくものである。「共通の体験」「自発性」「活動の継続性」とそろったものがセルフヘルプ・グループであって、ここに会員が集まり、互いに援助を与え合い、援助を受け合うのである。

断酒会は、自発性にもとづいて創設され、共通の体験で結ばれ、活動を継続していて、セルフヘルプ・グループの要件をすべてそなえている。

第4節　アルコール医療への注文

90年代の最初から21世紀の初頭にかけて、移り変わりの激しい時代としては異例のことだが、十数年間もアダルトチルドレン（以下、ＡＣ）論が猛威をふるった。血液型による性格判定は昔からおこなわれ、非科学的で偏見を引きおこしていると批判されてきたが、ＡＣ論はそれに似たところがある。これは、アメリカでアルコール臨床にたずさわるソーシャルワーカーや臨床心理士が編みだした考えであり、正統精神医学のなかから出てきた概念ではない[42]。ブームによって、断酒会員にはわが子をＡＣに育てたかという恐怖が植えこまれたし、自身の生い立ちも悲惨なものだったと絶望させられた。

猛威をふるっていた時代に、アルコール医療機関の多くの医師は、ＡＣ論が正しいという前提で、子どもの悲劇を会員・家族に言い募っていたものである。

私は、ＡＣ論が①生育における環境要因のみを注視し、②一直線的な因果関係にあり、③社会的視野に欠け、④幼児体験を極度に重視していると批判している[43]。記憶は不確かなものであるのに、医師らの医療者は、医師に誘導されている患者が診察室で述べる記憶だけをＡＣ論構成の根拠にしていた。そこにもＡＣ論の不自然さがある。そして、私は計りしれない心痛を受けた子どもに必要なことは、非科学的な考えに惑わされることなく、困難を乗り越えていく喜びを体得・持続することにあると拙著で訴えている。

ＡＣブームのときの医師のことがあってから、私は、医師やソーシャルワーカーに不信感をもってしまい、今日でもそれがつづいている。医療者には断酒会員・家族の利益を大切にするとともに、正統医学が黙殺している迷信のごときものに惑わされないだけの学識や人心理解力を磨いてもらいたいと思うようになっている。

アルコール依存症には精神的、身体的、社会的障害が出現することが少なくないとするのが世界の共通認識であるが、わが国では、アルコール依存症は法制、医療、福祉の面で精神障害と規定されている。すなわち、精神面の障害が強調されているのである。

戦後、「精神病者」とか「中毒性精神病」とかいうふうに用語が変遷してきたが、要するに、精神障害として扱われている。アルコール依存症は、しかし、飲んでいる人のみならず断酒しているものにも、障害者手帳（精神障害者保健福祉手帳）が交付されていない。交付されれば、税制やその他で有益な福祉サービスを受けられる。(44) また、障害年金も支給されていない。アルコール依存症よりも重度の、たとえば感情障害などを呈しているアルコール精神病には障害者手帳も障害年金も交付されているが、アルコール依存症は未交付なのである。こういうものは、断酒継続の支えになるのだから、医療者は会員に要求運動を構築するように啓発するとともに、力も貸して欲しいものだ。

アルコール医療の入院期間にも不信感めいた気持ちをもっている。約３カ月の入院は長すぎると思う。アメリカでは解毒と離脱の治療を１週間程度の入院期間でやってしまう。日本では病院側が酒のない生活に慣れるためには3カ月ぐらいが必要だと言っているが、酒のない生活に慣れることこそ、自助グループの守備領域である。早く治療を終えて、セルフヘルプ・グループで酒のない生活に慣れるべきなのである。

3カ月の入院は、アルコール医療の嚆矢である久里浜病院（現、久里浜アルコール症センター）の方針をまねたものであろう。日本におけるアルコール医療のパイオニアたるなだ・いなだは、厚生省は、久里浜病院が3カ月に設定したことに関して、退院と入院の間にわずかにできるベッドの空白状態によって収入減になることに不満だったのだろうと述べている。[45] なだの一文は、当時の閉鎖病棟は、もっと長期であったということを示すとともに、年間通して、ベッドを満床状態に近づける営業政策が病院では当たり前であることを示している。つまり、入院3カ月は病院側の営業政策から出たものであるが、ここを改善して欲しい。長すぎる入院期間が患者の断酒意欲を殺いでいる一面を見落としてはならない。

通院クリニックは、書道、工芸、写経、太極拳、水墨画、園芸、球技など多様なデイケアを実施しているが、これが断酒会の会員減の主要な原因であるとする見方が有力である。つまり、クリニックが患者を丸がかえし、患者がセルフヘルプ・グループに来なくなっているというのである。1963年からデイケアの研究が始まり、1974年にデイケアの点数化と作業療法の点数化が実現した。[46] 現在ではデイケアがクリニックの欠かすことのできない収入源になっているといわれている。

クリニック側は、「対人接触能力の向上、社会的適応力の向上にデイケアが効果を発揮している」と主張するが、それらは地域において先行してきたセルフヘルプ・グループの本来的な領域である。歴史を繙けば一部地域では、精神科医の協力の下に断酒人が断酒会を創設したこともあったが、日本の他の多くの地域では断酒人が独自的にまた先行的に断酒会をたちあげ、アルコール依存症でも酒をやめつづけることができることが証明されたのち、医師がその地域に病院・クリニックを開院しているのである。

私は、すべてのデイケアを廃止し、医療が患者たちをセルフヘルプ・グループに加入させることに本腰を入れることを望みたい。近年、医師は患者の自己決定を尊重するあまり、断酒会加入をそれほど勧めない。アルコール依存症のような病気はセルフヘルプ・グループに加入していない場合に他者に被害を及ぼすことがあるから、また、患者には理解力にやや欠ける期間がつづくのであるから、自己決定云々にはなじまないだろう。

第5節　アルコール依存症者が酒をやめる

人は、行動するまえに悪い結果が起きることがわかっている場合、その行動をとらない。アルコール依存症は、大ざっぱにいえば、飲酒によって様ざまな悪い結果が起きるのが確実であると予測できるにもかかわらず、なお飲むことを選ぶ病気である。ＩＣＤ—10（国際疾病分類　第10版）は、アルコール依存症の特徴として、耐性の増大、離脱症状の出現、有害な結果がわかっていながらの飲酒することへの執着心、アルコール使用への没頭、飲酒量の調節能力の損傷、アルコール使用への渇望をあげている。

耐性とは酒に強くなることであり、常飲していると酩酊するのに必要な酒量が増えてくる。多くのアルコール依存症者は、清酒でいえば4合も5合も飲む。一般人が酔いつぶれる量を飲んでも平然としている。ただしアルコール依存症も末期になると、逆に耐性が低下し、少し飲んでも酩酊するようになる。アルコール依存症になると、血中のアルコール濃度が下がってきたときに不快な離脱症状がでてくる。そうした離脱症状を予防したり抑えこむために酒を飲む。たとえば二日酔いに迎え酒をすると不快な症状が一時的に緩和される。アルコール依存症者には酒をやめて健康的に生き直したいという欲求が大きいが、それが実現し難いのは、不快な離脱症状が出現するためである。

アルコール依存症は飲酒量を適切に調節することができない。健康な人なら、飲む量を苦もなく自分で加減することができるが、アルコール依存症者はコップ一杯のビールが引き金になって酔いつぶれるまで飲んでしまう。飲酒量をコントロールする能力が壊れているのがアルコール依存症なのである。したがって、アルコール依存症者のまえに待ち受けているのは、断酒するか飲みつづけて死ぬかの2つしかない。生前の松村春繁の言葉を編んだ「松村語録」に、「酒害者は酒のために墓場にゆくか、断酒会で酒を断つか2つの道しかない」（第17項）、「君と僕は同じ体質だ。断酒するより他に生きる道はない」（第50項）とある。くどいようだが、アルコール依存症者は生きつづけようとすれば一滴の酒も駄目なのだ。

病院やクリニックで治療してもらった人が断酒会に入会してくる。専門病院のソーシャルワーカーである坂本満は、治療を終えた患者の思考結果が次の4種であるとしている。[47] ①自分の酒には問題はない、②問題があるかもしれないが、アルコール依存症ではない。③アルコール依存症であることは認めるが、自分1人の力で断酒は可能だ、④自分の力だけでは無理だ、仲間の力が必要だ、というものである。

医療者への義理や好奇心から①〜③段階の人びとも断酒会にやってきて入会することが少なくない。病院やクリニックの酒害教室で、アルコール依存症が病気であるとする知識を得ても、それはこの世にアルコール依存症という病気が存在するという知識にすぎず、当事者がアルコール依存症を認めて酒を断ちつづけるのは別個の難しい問題なのである。

患者は、アルコール依存症を認めるかどうかの局面で、友人、親戚、同僚などがアルコール依存症になった自分をどう判断するかで苦慮するだろうし、アルコール依存症に対する社会の偏見も心配するだろうし、飲み友達を失う苦しみを思い描くだろう。また、生涯、酒を断ちつづけなければならないという目標の圧倒的困難度に立ちすくむであろう。

アルコール依存症を認めるかどうかの場面では、中高時代の運動部で熾烈なポジション争いをして正選手になれたとか、若いころ、働きながら国家資格を取ったとかの、苦闘と成功の体験が脳に刻まれているような場合は上首尾にいくかもしれない。青年期にきれいな音楽や絵画に心を奪われたことや、名作と目される小説で感銘したことなどが、アルコール依存症を認めていく勇気を生むようである。

酒害者がアルコール依存症であることを認めることと、その後、断酒を継続していくことは次元の異なる問題である。30年、40年というように長い年月にわたって一滴も飲まずに断酒する人は、自己犠牲的な、非打算的な愛を社会に向けて、求めて求めて、求め抜くタイプが多いようだと私は思っている。

例会では「断酒の誓」を朗読することを通して、しらふで生きることを誓っているので、飲みたくてしかたないときでも良心の呵責にかられて飲めないのだ。正直、誠実、素直、まじめ、努力、「仲間を大切に」……などと小学校の先生が小1児童に教えるような倫理的徳目を守り実行していく人々が長期にわたる断酒を継続していく。

断酒会に入会してから、猛烈な飲酒欲求に襲われたとき、どうすればいいのだろうか。出身病院に電話すれば、飲酒欲求が鎮まるかもしれない。病院には深夜でも電話の近くに医療者がいるはずである。しかし、やはり信頼する断酒人に直接会いに行くのがいいようである。職場で飲酒欲求に襲われたとき、トイレに逃げ込んで、小さな声で「断酒の誓」を読みあげると心が鎮まる。年代順に体験した酒害を克明にノートに綴り、他者におよぼした迷惑を明確にするのも効果的である。そして、目を閉じれば、たちどころに酒をやめねばならない幾つかの理由が脳裏に浮かぶようにしたい。

断酒の心構えを養うために、毎朝、起床後、「断酒の誓」を朗読するのが非常にいいようである。1日の始まりに断酒を宣言すると酒類に対するあきらめもつく。例会や県外活動をつづけていても、夜間に他の会員と電話で話すのは違った効果があるし友情も育まれるかもしれない。要は1人にならずかつての自らの酒害に直面しつづけることにつきる。

酒害者は長年の過剰飲酒によって精神的に病んでいることが多い。精神的な健康を取り戻すには、例会に1回でも多くでて、1人でも多くの体験談を聞き、また自分を語りつづけることである。他者の体験談を聞くことによって、自分の性格的な片寄りがよく理解できる。

漫然と聞くのではなく、体験を話す人の真情を推し量って心で聞くように努めたいものである。他者の体験談に感動すれば、酒害者の心のなかの飲酒欲求が消えていく。週に1回の例会出席で再飲酒したのであれば、2回、3回と増やす必要がある。日曜日に暇をもてあましていると、不健全な衝動がでてくるから、記念大会や研修会に参加すべきだと思う。熱心に活動していれば、前述のソーシャルワーカー・坂本満が分類するうち、①~③の段階に該当する人びと、すなわち自分の酒に問題がないと判じている人や、アルコール依存症を認めない人や自分1人でもやめていけると考えている人も、断酒会とその会員に魅了されて、仲間と一体になって断酒していくようになるのである。

第6節　アルコール依存症は治せる

アルコール依存症は、長い歳月が必要だが断酒会活動で治せる病気であり、そのことは第5章以下に詳述する。ここではそのことをアウトラインだけを書いていく。断酒を始めだしたころ、様ざまな障害が目につく。仕事をいい加減なレベルで置いておくことができず、たとえば自宅の庭の掃き掃除を始めると、草抜きもやり、汚れたガラス窓が目につくとすべての窓ガラスを磨きあげ、屋根の樋の掃除までやりきらないと気がすまなくなってくる。

対人関係でも、しゃべってはいけないことが頭で理解できていても、言葉が先にでてしまい難儀な事態になることも少なくない。些細なことで、家族や職場の同僚と言い争うこともある。衣服の面でも、初老だというのに若者のような派手な服を着て人びとを驚かすことがある。

しらふで生きだした酒害者には次のような難点がある。自分と他者の境界を適切に設定することが下手であり、他者の領域に侵入したり、他者に自分の領域への侵入を許したりすることがある。自分の現実（社会的立場や年齢）にそって振舞いにくいという事実もあるし、自分に関する現実を適切に認識することが困難だという事実もある。

しかし、数週間を飲まないで過ごすだけで、顔の血色がよくなりきびきびとした動きを示すようになるものだ。さらに断酒をつづけていくと、丁寧語で話し、知っている人には自分から挨拶する。変わりましたね、と人びとから驚かれる。表情が明るくなってくる。断酒会のすばらしい先輩に憧れて断酒のための努力をするようになる。断酒６カ月を超えたころ、新しい生き方が可能であることを感じるものである。

断酒１年を達成したとき、将来への不安が減ってくる。しらふの日々を積み重ねていけば、幸福な生活ができると信じられるようになっているのである。

断酒２、３年で食事が普通に摂れるようになる。自分の長所を知るようにもなる。逃避の欲求がなくなる。職場も無欠勤をつづけ、信頼されだす。家庭でも固有の役割を果たす。現実に即して考えられるようになる。

断酒５年のころには休息と睡眠が普通にできるようになる。新しく入会してきた仲間を例会や県外活動に連れて歩く。断酒10年のハードルを越えたころ、友人や家族が努力を認めてくれる。新しい関心事ができ、理想がよみがえってくる。断酒会でも重責を果たす。断酒20年で、心から回復したと実感する。経済的安定と身だしなみに気を配り、後輩に支援の手を差し伸べる。ストレスに強くなり、断酒会での活躍が本格化する。酒をやめてよかったと思う。アルコール依存症という診断を得た日から断酒20年が実現したころ、「アル中になったお蔭で人びとのお世話もできる」と喜ぶ。酒に溺れていたころよりも、レベルの高い健全な興味に満ちた生き方への道が拓ける。具体的には、酒類の社会的コントロールのために微力を尽くそうと思う。(48)

長期にわたって断酒をつづけるには、「一日断酒」と「例会出席」を継続する生き方が欠かせない。他者の酒害者を救おうという愛情も必要である。ゆるすという営みも必要である。理想にむかって、一歩一歩こつこつと正直、素直、誠実、まじめ、努力、「仲間を大切に」……をモットーに例会出席をつづける姿勢が長期の断酒継続を生み出す。理想は高いほどいいわけであるが、目標は小刻みに設定する必要がある。入会してすぐのころ、たとえば断酒20年を掲げたら、あまりの難しさに絶望するだろう。初めのころは1カ月の断酒を目標にすればいい。1カ月間を断酒すれば、また1カ月を目標にすればいいのである。2カ月の断酒をすれば断酒3カ月の実現を目標にする。このように小刻みな目標をつねに掲げるのである。そして、長い歳月を経て、断酒会活動に打ち込むことを通して、アルコール依存症を治せるのである。

私は56歳のとき糖尿病になったので、毎日、100分間の散歩を日課にしているが、早朝、最初から100分間歩こうと思って歩いてはいない。最初は10分間歩こうと思って歩きだす。10分間歩いた時点で、もう10分間歩こうと思うことにしている。20分、30分歩けば、エンジンがかかってきて、歩くことが苦痛でなくなってくる。40分間も歩けば、歩くことが楽しくなってくる。結果として、毎日、120

分、130分歩いている。そして現在では、毎年の人間ドックにおける血糖値検査で、正常値と判断されているのである。断酒も最初は苦しく感じるが、ある期間しらふですごすと飲まない生活が楽しくなってくる。断酒が楽しくなってきても、小刻みな目標を設定して例会に出席するのである。

本章を要約したい。アルコール依存症の疑いが強まったとき、アルコール医療を受診するが、通院治療よりも入院治療の方が優れていると思われる。たっぷりとある入院期間に、アルコール問題をもつ自分を見つめなおせ、心身の疾病を集中的に治療してもらえるからである。酒のない所で、病的飲酒欲求の強い日々を過ごせ、規則正しい生活を送れるのもメリットであろう。

アメリカのAAは19世紀の同国におけるワシントニアン運動と深いつながりがあり、日本禁酒同盟も19世紀のアメリカのテンペランス運動に影響されて設立された。断酒会は日本禁酒同盟の活動を母体にし、アメリカのAAを模倣して東京と高知で呱々の声をあげた。明治期から昭和20年代までの禁酒団体に、少なくないアルコール中毒者が加入していた。そこでは健康な一般人の指導者の、「酒のない社会を築こう」という主張にアルコール中毒者がしたがって、短期間、禁酒し、すぐ元の木阿弥になるのであった。アルコール中毒者だけが参加し、酒害を語りあっていけば、支えあいと励ましあいを通して酒がやめられるということがまだわからなかったのである。岩田泰夫は、セルフヘルプ・グループの生命として、自立性の強化と仲間性の形成、および相互援助を指摘している。

セルフヘルプ・グループの成立要件は、①共通の体験、②自発性、③活動の継続性である。断酒会は一日断酒と例会出席をスローガンにして例会を開いている。断酒会に入会してきたころ、酒害者は様ざまな障害、病的傾向をもっているが、例会のなかで徐々に回復していき、「アル中になって良かった」と心から述懐する日がくる。

【註】

(21) 林田基「アルコール依存症の入院治療」(『アルコール関連障害とアルコール依存症』日本臨牀、第55巻、1997年)、417―421頁。
(22) 食道と胃の狭窄部の胃粘膜が強力な胃酸で灼けて血管を破り、出血する疾患。
(23) 清水新二『アルコール関連問題の社会病理学的研究』ミネルヴァ書房、2003年、423頁。
(24) 中本、前掲書、71頁。
(25) Nick Heather and Ian Robertson,"Problem Drinking," New York, Oxford University Press, 1997, p. 23.
(26) Ibid., P. 24
(27) 中本、前掲書、71頁。
(28) 平野建二「AA紹介」(高知県断酒新生会編『断酒会　依存より創造へ』、1983年、483―491頁。
(29) 同書、489頁。
(30) 「断酒会の誕生」(『躍進する断酒会―2010年版―』2010年、28頁。
(31) 同書、28頁。

(32) 高知県断酒新生会編『断酒会　依存より創造へ』、1983年、30頁。
(33) 伊藤伸二・中田智恵海編著、解放出版社、2001年。
(34) 平野かよ子著、川島書店、1995年。
(35) 岩田泰夫著、やどかり出版、1994年。
(36) 岡知史著、星和書店、1999年。
(37) 岩田、前掲書、37頁。
(38) 伊藤・中田、前掲書、8頁。
(39) 平野、前掲書、5頁。
(40) 岩田、前掲書、41—42頁。
(41) 岡、前掲書、102頁。
(42) 守屋裕文（埼玉県立精神保健福祉センター長）「機能不全家族について」全日本断酒連盟「かがり火」縮刷版、2009年、284頁（「かがり火」、2004年3月号より転載・縮刷）。
(43) 中本新一『アルコール依存社会　アダルト・チルドレン論を超えて』朱鷺書房、2004年、178—255頁。
(44) 橋本修治『てんかん—より深くご理解いただくために—』天理時報社、2008年、27—28頁。
(45) なだ・いなだ『アルコール中毒　物語風』五月書房、1992年、39頁。
(46) 大谷藤郎『精神保健福祉行政のあゆみ』中央法規、2000年、82—88頁。

(47) 坂本満「アルコール依存症の回復と家族の回復」(奈良市断酒会家族会の研修会に配布された資料)、2009年3月8日、1頁。

(48) このためには酒価、小売、広告に対して規制を加えなければならないであろう。日本の酒類の価格は、他の商品と比較した場合、清酒・焼酎を含めて相対価格が安い。このことはWHOの出版物より明らかである。WHOは小売規制を「時間」「日」「場所」「店舗数密度」で考えているが、わが国には4種とも存在しない。従来、「店舗数密度」の規制があったのだが、規制緩和の観点から2006年8月に撤廃された。営業店が多いほど、また営業時間が長いほど、消費量が増大し、結果として、アルコール関連問題が増大することは、欧米における研究から確かな事実である。さらに日本では民放テレビが酒類の広告として「飲むシーン」を大写し放映しているが、これは未成年者や女性や高齢者などのハイリスク・グループの飲酒を促進するものであると言われている。

第3章 アルコール依存症と断酒会に関する8つの法則

これまで非常に多くの書物でアルコール依存症と断酒会が述べられてきた。また、講演会でもアルコール依存症と断酒会が少々語られている。しかし、私はそれらに違和感をもっている。その多くは、アルコール医療機関にかかりさえすれば、その後はうまく行くというような調子で、書かれ語られているように思うからだ。踏み込んでいえば、表層的な理解であると思うのである。つまり、私は当事者の立場から酒害者の厳しい現実をも知ってほしいという念にかられている。

法則1　「死ぬほどの苦痛を味わいつくすまで、アルコール依存症であることを認めることができない」

アルコール依存症の人間はどれほどいるのだろうか。推定数は、ＫＡＳＴ（久里浜式アルコール症スクリーニング・テスト法）による調査で約４２７万人[49]であり、ＩＣＤ―10（国際疾病分類　第10版）による調査で約82万人[50]である。

ＫＡＳＴでは予備軍も拾いあげられ、ＩＣＤ―10は医療に姿を見せる患者であるといわれる。アルコール依存症は周囲のものが苦しむ病気である。アルコール医療の医師たちは約82万人という数字に首肯することがなく、実数は82万人の3倍ではないかと考えることが多い。そういうふうにアルコール依存症者が約２４０万人だとすると、仮に1人につき平均5人が当事者の飲酒問題で悩んでいるとしたら、周囲で苦悩する人びとの概数は約１２００万人という勘定になる。

断酒会の会員数は約９０６８人、日本のＡＡのそれは約２５００人であるから、推定数のうちセルフヘルプ・グループにつながって断酒しているものはほんの少しという勘定になる。つまり、アルコール依存症が巨大な数字であるにもかかわらず、断酒中のものは非常に少ない（約４２７万人の０・３％、約82万人の1・４％）。要するに、アルコール依存症になったものは、ほぼ助からないという問題が横たわっているのである。私は断酒会に入会して年数が短かったころ、今後断酒していく人々が増大するだろうと予測し、期待していたものだ。しかし、現実は違った。

深刻な合併症を患っている入会者でさえ、自身のアルコール依存症にあやふやであることが少なくない。短い期間だけ禁酒するとアルコール依存症であることを忘れたり、職場で重責を担うようになって例会を失念したりする。家庭に明るさがよみがえってくると例会から足が遠のく。一方、アルコール依存症はその人のことを永久に忘れない。アルコール依存症のほうは、スキがあれば、その人物を破滅させようと虎視眈々と狙っているのである。アルコール依存症は、狙った人が死滅するまでその人を許さない。アルコール依存症は執念深いことこの上なしの死神である。セルフヘルプ・グループに加入している人は、断酒歴に見合うように、自らのアルコール依存症に対する認識を深めていくべきだが、これが難しい。酒による苦しみが限界に達した体験がないと、反対方向に向かって歩き、歩きながら自己洞察を加えるようにはならないらしい。セルフヘルプ・グループで長い年月酒を断ち、活躍している人を私は大勢知っているが、同時に、アルコール依存症という宣告を受けたのち、悲惨な末路をたどった人々も非常に多く知っているのである。自分に引きつけてアルコール依存症を考え、他の会員のなかに依存性と病気性をみつめながら、自分のなかにも存するそれらを手当てしていくのは相当困難なことなのだと思う。

本稿では、アルコール依存症の症状を示す男を、「彼」という人称で書いていく。

彼はアルコール医療機関によってアルコール依存症であると診断されたにもかかわらず酒をやめず、家庭や職場で飲酒のために失敗をくり返しながら、アルコール依存症であること認めることをしないのである。朝酒を飲んで出勤し、定時に仕事を終えるとまっすぐ居酒屋に飛びこみ、夜は夜で飲む。そういう具合に酒に漬かっているので、とうとう肝硬変になってしまった。それでも、節酒に挑戦する。一杯飲めば、腹一杯飲むようになっているのに、適量でやめられると思って飲みだし、結果として酔いつぶれるまで飲む。

彼はそのうち、多発性神経炎にもなり、断酒しないものだから進行していき、歩行困難になってしまった。歩行が困難であっても、飲もうとしたら、足を引きずってでも自販機までたどり着き、自販機のまえで酔いつぶれるまで飲む。アルコール依存症はこのような病気である。「死ぬほどの苦痛を味わいつくすまで、アルコール依存症であることを認めることができない」というのは真実である。

彼は無職になり、妻子とも別れたので故郷に帰った。実家は標高８００メートルの山地にあり、老親に養われ、酒も提供されて暮らしている。飲み足らない夜、不自由な足を引きずって山下の町まで降りていく。外灯のない、暗闇の、バスの便がない、未舗装の道を片道に1時間かけてとぼとぼ歩く。町では酒だけを買い、すぐ踵を返して登り坂を歩いて帰る。一杯飲むためには異常な努力をする。

父親は息子を専門病院に入院させるため山を売った。が、彼はアルコール依存症を認めず、性懲りもなく節酒に挑戦する。父親は、また、末期的症状を呈する息子を入院させるため別の山を売った。それでも、息子はアルコール依存症を受け入れず、節酒に挑戦する。

実現するはずのない節酒に挑戦することの原因は、病気知識を飲み込んでいないだけではなく、人並みでありたい欲求が強いためでもある。

健康な人々は、飲む量の調節を苦もなく行える。酒量のコントロール機能が壊れているアルコール依存症だといわれたら、それは、人並みではない、ということを意味する。人並みであることだけを目的に生きてきたものには残酷である。節酒に挑むのは、健康な人が飲む普通の量をうまく飲めることによって、他の人びとと変わりがない同じ種類の人間であることを証明したいためだという側面も確かにある。

アルコール医療歴35年の今道裕之が、専門病院を退院したもののアルコール依存症の短期予後を紹介している。追跡期間2年3カ月で断酒率32・4％、追跡期間3年9カ月で断酒率23・0％、追跡期間5年で断酒率22・8％である。(51) 右の通り、専門病院を退院して数年経つと、節酒に挑戦している人が多くなるのである。昔も今も医療現場では、「酒をやめつづけられるのは、初診患者の１００人に1人だ」

といわれている。

アルコール依存症に特有な「否認」という問題（症状）がある。心理的につらい過去を抑圧したり、自らの飲酒問題を認めないということである。アルコール依存症であることを頑として認めない背景に、アルコール依存症に対する偏見や社会的スティグマ[52]も大いに関係しているだろう。

アメリカにおけるアルコール依存症の推定数は約1000万人で、患者となっている人数は約200万人である。[53]日本では、アルコール医療もしくは精神科に通院・入院し、アルコール依存症（あるいはアルコール精神病）という病名で治療を受けている患者は5万人程度であるから、[54]約427万人の約1・2%、約82万人の約6・1%に過ぎない。アメリカの2割と比べると相当悪い数字である。右の日米の差から、わが国においてアルコール依存症に対する偏見や社会的スティグマが、アメリカより格段にひどいらしいと疑ってもいいだろう。

『酒飲みの社会学』（清水新二著、素朴社）に次のようなアメリカであった調査が載っている。現在飲んでいる人、全然飲まない人、機会飲酒者（たまに飲む人）、アルコール依存症からの回復者という4つのカテゴリーに分けて、どれが一番素晴らしいかと尋ねた。それによると、アルコール依存症からの回復者がもっとも尊敬されていることがわかった。次いで、全然飲まない人、機会飲酒者、現在も飲んでいる人という順番であった。アメリカ社会は、自己努力でどん底から這いあがってきた人を高く評価するようだ。それはアメリカ社会に色濃く認められる、自助と自立という価値観に合致するからなのだろう。

現状、日本の医療機関では患者に自分の酒害を内省するシステムを整備したり、アルコール依存症の知識を身につけさせる取組みを強化しているが、十分ではないようだ。

アルコール依存症であることを頑なに受け入れないものについて、それだけ病気が重いと判じたり、どうしようもなく無知蒙昧な輩と決めたりしがちである。いつまでもアルコール依存症を認めないものは、医療の場ではパーソナリティ障害や自己愛の歪みで片付けられているようである。しかし、患者だけに原因を求めるのは不合理であって、難しいことであるが、偏見や社会的スティグマをなんとか計量化し、それらを大幅に減らす治療法を採らねばならないだろう。そして、偏見や社会的スティグマに抗して生きていく方法や希望のあり方を医療機関は患者に示さなければならないと思う。

実験ケージに入れられて強制的にエタノール（純アルコール）を投与されるサルやラットは、それによってアルコール依存症になる。[55] しかし、人間の場合、純然たる薬物要因だけでアルコール依存症が発病することはきわめて稀であろう。

ジェリネックは、発症要因として薬物要因、個体要因、環境要因をあげている。[56] 原著を読めば、彼が3つの要因を並列的に捉えていたことが理解できる。ジェリネックは、飲酒量（薬物）や体質や性格・気質、そして環境（家庭や職業、地域）の3つがからみあって、アルコール依存症が発症すると考えていた。ジェリネックは薬物と個体の要因を重視する時代に環境要因を並列的に取りあげたことで、世人に衝撃をあたえたが、今日、もっと家庭、職業、地域を重視する視点から、すなわち酒―個人―社会の関係で患者を診ていくことが行われるべきだと思う。昔は地域から直接的に断酒会に入ってきたが、今日では地域住民はアルコール医療を経由して入会するのがほとんどであり、頑としてアルコール依存症を認めないものが多いというのは、医療機関の治療の質に弱さがあるからではないだろうか。

ひところ、共依存論（依存が昂じてくると、家族に病的な世話焼きが現れるとする考え）が流行したのは、アルコール依存症における社会性（家族役割の重要さ）が支持されたためであろう。しかし、理論面で社会性が着目される割には、実際の医療現場では、酒―個人の関係でアルコール問題を考えることが多い。私は、飲酒に導くものとして、家族の役割を重視する昨今の方法を支持するが、当事者にとって家族は環境の一部に過ぎず、もっと重要な社会的問題がアルコール依存症者の視野を覆っていることが多いと思う。

アルコール依存症は、精神的、身体的な病気であるとともに、社会的な疾患であるから、その治療は、社会性を重視してこそ成果があらわれる。つまり、患者をしてアルコール依存症を認めさせるには医療機関が人権や偏見を重視し、それらを包含する観点から治療を展開する必要があると思うのである。家庭、職業、地域が個人のパーソナリティの多くを形成している以上、無口であったり、いるのかいないのかわからないような患者たちでも社会性を奥深くに秘めているのである。

社会性に富んだ患者が、今日のせせこましく機械的に流れていく感じの病院・クリニックにおいて、容易にアルコール依存症を認めることができないのはある意味では当然であろう。患者に接しているとき、患者の家庭、職業、地域、生い立ちにふれていって、患者をして感動させる腕前と魂をもつ医療者であってほしいものである。患者が心を揺さぶられるなら比較的容易にアルコール依存症であることを受け入れるものなのである。くり返すが、アルコール依存症を認め難い背景にアルコール依存症に対する偏見や社会的スティグマが横たわっているが、医療者こそ率先して偏見や社会的スティグマと闘い、それらから解放される道筋を明白にすることで、患者から偏見、社会的スティグマに屈服しない気概を引きだしてほしいものである。

法則2 「断酒継続で死ぬほど苦しみつづけるなかで、断酒ができていく」

断酒会に入会しさえすれば、酒はやめていけるだろうという安易な気持ちでは断酒はできない。これはＡＡも同じだ。ＡＡでは、スポンサー（自分を発見してＡＡミーティングに連れていってくれた人）とともに、最初の90日間に、90回ミーティングに出席すべし、というガイドラインがある。

例会には断酒せしめる効果があるが、週1では心もとない。例会中、試しに、発言順に、会員・家族の名前をメモしておく。翌日、メモを見ながら、発言者の体験談を心に再現してみる。ショッキングな話は思い返すことができるが、その他は霧につつまれたように判然としない。2日後になると、もっとわからなくなる。3日以降は完全に頭のなかは空っぽである。例会で自分が話したことも、2、3日たつと思い出せない。

つまり、例会における体験談のあり様によって、酒を断っていくとすれば、週に1回ではひどく危なっかしいわけである。

例会を補うために日曜日に記念大会、研修会などの県外活動が待っている。３００人、４００人のなかで聞く体験談が、断酒のためのエネルギーを付与してくれる。会員は、フルタイムで働き、残業もこなし、毎日のように例会に出席し、毎週のように県外活動をし、断酒会の運営面にも関与し、家庭でもわが子を塾へ送っていったり、迎えにいったり、さらに老親の世話もする。職場の同僚は仕事が終われば自宅でくつろげるが、その時間、断酒会員は例会である。やはり、断酒は苦しいものである。

断酒会に入会したころ、新入会員は精神的問題をもっていることが多い。自分と他者の境界設定がうまくいかず、自分の現実（社会的立場や年齢）に即した言動をとりにくく、自分に関する現実を適切に認識することにも困難があるのである。このように人間としての基本に弱点があるから新入会員は生きづらいのである。

断酒会員は、家族問題でも苦しむ。夫のアルコール依存症に振りまわされ、傷つき、疲れ果てた妻たちに、自律神経失調症的傾向、心身症的傾向、神経症的傾向がそれぞれ80％以上の確率で現れているとする報告を私は読んだことがある。例会に初めて顔を出した夫人たちの顔はそろって能面のように深い苦悩が刻まれているか無表情であることが多い。夫人にすれば、自ら病んでいながら、1つ屋根の下でもう1人の病人を援助しなければならず、苦悩は大きい。断酒会員たる夫も、精神的な病人である妻に援助してもらわねばならず、悲哀は大きい。

断酒会員は地域でも苦しむ。大都市では地縁が崩壊に近い状況にあるが、わが国の国土の多くを占める郡部では地域機能が衰えているといってもまだまだ健在であり、そこでは地域があってこその個人であると考えられている。地域というものは、家族、経済力、宗教、信条、学歴がまちまちでありながら、専門病院から帰ってきた酒害者に相当厳しい偏見ないし排除志向を示し（第4章第1節参照）、その点ではほぼ一致しているのである。断酒会員は、酒害者をおおむね排除する地域社会で暮らしていかねばならないのである。

職場でも苦しまねばならない。健常者でも定年まで勤めるとなると、多くの困難があるだろう。断酒会員は、職場のすべての困難を飲まずに切り抜ける必要がある。職場には新年会、歓送迎会、運動会、忘年会などがあり、例外なく酒類が供される。酒席で酔いの深まった上司が、

「ま、一杯飲め」

と銚子を持ち上げる。断酒会員は当然のように辞退する。酩酊している上司が、

「ようけ飲めと言うとらん。一杯だけ飲め」と動かない。アルコール依存症になったので、断酒会に所属して断酒していると口にしても、酩酊中の上司には通じない。

「俺の酒を飲めないのか。いつまでも酔わないとしらけるではないか」とからんでくる人もいる。わが国の多くの職場においては、就労場所から離れた酒席で、飲酒しながら職場の重要事項が説明され、合意が形成される傾向がある。飲めるやつは、話せるやつであるという前提があり、酒を断ちつづけるものはやはり疎外される。職場の人間関係に即して書けば、同じ酒を同じように酔っていくものだけが仲間と考えられている。

仕事や家庭や地域の現実に、「死んだほうがましだ」と思うくらい苦しみぬかないと断酒は継続しない。入会当初、例会は週1で、土日はたっぷり休養して……という願望が多いが、それでは断酒がつづ

かない。「断酒継続で死ぬほど苦しみつづけるなかで、断酒継続ができていく」というのは確かなことである。

困難に立ち向かって、それを乗り越えるたびに、やさしく、強く、賢くなっていける。断酒会員を鍛えるのは狭い門であり、滅びにいたる門はやはり広いのだ。テレビドラマや映画では、主人公が胸のすくようなかっこいい台詞を吐き、かっこいい行動をするが、断酒会員が生きつづけることを優先すれば、阿呆らしさや、かっこの悪さにも耐えねばならない。

法則3　「断酒会員には周期的に離れたくなるときが襲ってくる」

専門病院では、「酒をやめつづけられるのは、初診患者の100人に1人だ」と言われている。また、セルフヘルプ・グループでは「断酒を継続するのは、ラクダが針の穴をくぐるほど困難なことだ」とも評されている。東京断酒新生会の西田実さんが、「かがり火」（全断連の機関誌）に貴重な統計と一文を載せている。[57] 東京断酒新生会では、1992年、会員812名であったという。その後減少していき、2009年に会員数は606人になった。

何と25%の減少である。早期退会者の増加が原因であるらしい。

初めて出席したとき、「よく来てくれたね」と歓迎してくれる古参衆・家族に友情を感じなかったり、逆にみじめさを覚えた人はだいたい早期退会するようである。入会を勧められたとき、家で1人でも断酒ができると踏んだ人も、仮に入会したとしても早期退会者となるようである。例会で体験を話している先行く仲間を見て、馬鹿な連中だと思った人もすぐはなれてしまう。

親が断酒会員であれば、子どもにとって体裁が悪いと思った人も早期に退会すると思われる。少し批判されたら、たちどころに退会する人がいる。記念大会で顧問の政治家が壇上に乗っているのはけしからん、と腹を立てて離会する人もいる。酒をやめきれない層からも早期退会者が現れる。

しかし、早期でない退会も多いのである。数年間酒をやめて、自信を深めた人が「1人でもやめていける」と判断して去っていく。社会的スティグマに負けて、「早く楽になりたい」と思って離れていく人も少なくない。例会のことを、「毎回、同じ人が同じことを話しているだけだから新鮮味がない」と批判して退会を選ぶものも少なくない。

断酒会に飽きる人も多い。例会は一度も休まず、運営にも尽力しつつ県外活動に積極的に取組んで、20年、30年と断酒を継続している、模範的な人でさえ、急に退会していくことが少なくないのである。頭に退会がひらめたとき、そうだ、一般社会があるのだ、普通の娑婆で過ごそう、と退会を決意するようだ。

10年、20年一滴も飲まずに精進してきたが、断酒よりも大切なものができて去っていく。断酒よりも大切なもの、すなわち、出世、仕事、お金である。自らの酒害体質を忘れてこれらを手にいれようと志し、娑婆に飛び出しても、出世もお金も入手できずに終わり、退会当座はしらふで暮らせても、遠からず再飲酒し、地獄に舞い戻るのだ。私は大勢の退会者に遭遇してきた。退会者のその後の様子が伝わってくるが、ほとんどの人は悲惨な姿になっている。退会したとき、たいした障害をもっていなかった、毎年のように家族を外国旅行に連れていく、いい会社の中間管理職だった人が、7、8年後には単身者となって生活保護を受給し、腹水がたまり、そのうえ重症の多発性神経炎になって歩くことさえ困難になっていた。

法則4 「アルコール依存症は、どんどん死んでいく病気である」

アルコール依存症が疑われるのに、医療へも行かず、飲みに飲んでいる人々はどんどんと死んでいく。アルコールを過飲している人というのは、ヘビースモーカーと相場が決まっており、過飲と喫煙が重なったときの死亡率は非常に高い。平山雄は、以下のことを記述している。[58] 男性の食道ガン、肝臓ガン、肝硬変において、毎日喫煙し、毎日飲酒するケースにおいて、死亡率が最高である。総死亡のリスクは1日に50本以上喫煙し、しかも毎日アルコール度の高い酒類を飲んでいる人々に顕著であり、非喫煙・非飲酒者と比べて相対的危険度は2倍近く高いという。

高木敏・猪野亜朗も、著作のなかで、大量飲酒に加えて喫煙することがガンへの道だと述べている。食道ガンでは、酒もタバコもやらない人の発症率を1とすると、両方ともやる人の発症率は6・4倍となるということだ。[59]

喉頭ガンでは、酒もタバコもやらない人の発症率を1とすると、両方とも嗜む人の発症率は21・4倍になる。[60] 高木と猪野は、久里浜病院に入院したアルコール依存症者は退院後5年以内に21%が死亡し、平均死亡年齢が51歳で、死因のトップは突然死で、全体の4割を占めていると記述している。[61] 専門病院やセルフヘルプ・グループにつながらず、断酒していない死亡率は息を飲むほど高いはずである。高木・猪野は、驚くべきことを書いている。高木・猪野は、「アルコール依存症は、若いほど死亡率が高いです。同じ年齢の一般人と比較した死亡者数は、35～39歳では89倍。30～34歳では157倍。25～29歳では196倍になります。アルコール依存症の平均死亡年齢は50歳前後です[62]」と記述しているのである。完全に酒をやめて、その年数が相当古くなっている人々の死亡率は健常者のそれに近い。要するに、アルコール依存症とは死ぬ病気であり、ただ、セルフヘルプ・グループに所属しての断酒だけが生きのびる道なのだ。断酒会活動が板についている人々は、健康と友人に恵まれ、日々を感謝しながら、夢と希望をもって明るく元気に前向きに生きている。

法則5 「断酒会には成功の秘訣がある」

① お金と時間をかけるべし

酒をやめだしたら、とたんに締まり屋になる人が多い。仕事に傾斜していく人も多い。記念大会が無料でも研修会、断酒学校は有料である。県外活動に交通費がかかる。断酒会も月々会費を払わねばならない。結局、断酒会活動に要する費用は、飲んでいた時代とさほど変わらない金額になる。活動には膨大な時間が必要だ。片手間では断酒が不可能である。お金や時間を惜しんでいては断酒ができない。私の経験では、少し節約すれば断酒に必要なお金など確保できるし、合理的に暮らせば時間も確保できるものだ。断酒にお金と時間をかけなかったら、再飲酒→入院で大きなお金と時間を消失することになるかもしれない。

② 例会に情熱を傾けるべし

断酒会に入会した直後、大きな川の河川敷もしくは自然公園、森で、腹の底から「酒をやめた」「酒をやめるぞ」と大声を出せば効果的である。人口稠密な都市部ではできないことだが、大声が許される地域でこれを実行することを勧めたい。「酒をやめた」「酒をやめるぞ」という大声は、自分に対する暗示になる。例会でも隅に座らず、真ん中に位置する。記念大会や研修会も同じであって、司会者に一番近い、目立つ所に座る。

断酒会専用の名刺をつくろう。会ったことのある人には自分から先に声をかけるべきである。県外活動で顔なじみになった人びとに断酒会専用の名刺を渡し、挨拶しておく。そのうち、記念大会、研修会で顔を合わせたら、握手し合い、激励し合える。

県外に友人や知人ができると、記念大会・研修会が楽しみになってくる。いい意味での競争意識と仲間意識も生まれ、断酒のモチベーションが一段と高まるだろう。くどいようだが、例会、記念大会、研修会での遠慮は禁物なのだ。仲間の体験談に共感して聞けるように心をこめて耳を傾けるべきだし、自分の体験談は酒をやめねばならない理由を織り込むべきである。自分自身について、語りつづけることが断酒と回復への有効な方法なのである。アルコール依存症に罹患して最初に壊れるのが感性であるし、また、アルコールをやめて最初に回復するのも感性である。共感するように体験談を聞くことが感性の回復を早める。

③ 日々、バランスを取ることを第一とすべし

断酒会に入会すると、既述したように、仕事仕事という人が多い。そういう人は、エネルギーの大半を仕事に向ける。そして過労が酒を呼ぶ。再飲酒を防止する観点から、日々、断酒のためのエネルギーを横に取っておくべきである。

昔の断酒会は、情念を優先していたが、近年は喜ばしいことだが、理知的な断酒スタイルが増えている。狭い意味での断酒実践だけに打ち込むのではなく、映画や音楽の鑑賞、幅広い読書、思索も欠かせない。

断酒会には古くから伝わっている、「酒をやめるだけが断酒ではない。人間としての自覚をもつこと」という名言がある。断酒を除いたら、何も残らないというやり方は過去のものであって、家庭や趣味も大切にすべきである。子どもが幼いのなら、よけい家庭を重視しないといけない。一般の友人との交際も欠かせない。かたよった生活は、長期の断酒に結びつかないことがあり、やはり、多くの生活場面でバランスを取りつづける必要がある。

法則6　「アルコール依存症は断酒会活動で治せる病気だが、活動のなかで飲んでいたころよりも人間的にりっぱになる」

20世紀のアメリカに不滅の業績を遺した劇作家テネシー・ウィリアムズは、薬物とアルコールの依存症であった。このことは彼の自叙伝に赤裸々に述べられている。彼の他の多くの作品と異なって、『欲望という名の電車』には歴としたアルコール依存症者が登場する。[63] 遠い州からニューオリンズに住む妹のアパートに転がりこむ、主人公ブランチ（30歳前後で美貌女性とイメージされる）がそれであって、ひっきりなしにウイスキーを飲む。ストーリーが沸騰し、妹の夫（ポーランド人の粗野な男）に暴力的に犯され、精神的に破綻し、精神病院からの迎えが到着するところで終末を迎えるが、読者・観客は、ブランチの飲酒量のおびただしさに息を飲むはずである。

それ以上に、ブランチの人柄の秀逸さに言葉を失うであろう。正直、純粋、優雅、潔癖、繊細が溢れているからだ。彼女の病齢は中期であり、作家テネシー・ウィリアムズの執筆動機は、この先、汚濁にまみれて閉鎖病棟で狂い死にするだろうアルコール依存症者ブランチに満腔の同情を示し、称賛し、世のスティグマに異議申し立てすることにあったと思われる。

一方、精神医療の名医である森岡洋は、著書のなかでアルコール依存症者の心理を12項目にわたって詳述している。[63] 森岡は、アルコール依存症者は孤独感と劣等感が強く、攻撃癖があり、嘘つきであり、自分ほど偉い人間はいないと考え、飲むことばかり追いもとめていると書いている。

森岡のこの書は、アルコール依存症者の家族を主たる読者に想定したものである。

私も馬齢を重ねてきたので、孤独感、劣等感、攻撃癖、自己肥大、飲酒嗜好がアルコール依存症者だけのものでないことを知っている。酒を断ちだしたアルコール依存症者が上記12項目を読めば、内省の契機になるであろうが、不適切な病人像（自己イメージ）を形成することにもつながるはずである。

アルコールに特化した病院やクリニックの教室でも患者に対して、森岡の論旨とほぼ似た教育を実施しているようである。わが国の辺地に行けば、人口がわずかな村もあるが、そこにアルコール依存症者がた った1人もいなくとも、住民にはアルコール依存症者に対する激しいスティグマが渦巻いている。他者による評価のあり様にしたがって、人間は人生を創っていく側面が顕著であることを考えると、アルコール医療機関がアルコール依存症者の積極面も提示する必要があると思われるのである。

森岡は、孤独感と劣等感が強く、攻撃癖があり、嘘つきで、自分ほど偉い人間はいないと考え、飲むことばかり追いもとめているのがアルコール依存症者であると述べている。これは、森岡がそう思っているということではなく、社会がそう捉えているという意味で、書かれたものだろう。

一方、テネシー・ウィリアムズは、正直、純粋、優雅、潔癖、繊細が溢れたアルコール依存症者を造型した。両者には天と地の差があるが、私は両方とも正しいと思っている。常習的飲酒を始めるまえは、誰でもブランチのように正直で純粋、繊細な人間であったものが、病気の進行にともなって、汚らしく忌まわしい、唾棄すべき人間になり果てるのだ。

断酒会活動に従事して何十年も酒を断ちつづけていっても、再びうまく飲めるようにならないが、まったくアルコールを欲しなくなり、しかも飲酒を警戒する習性をもつ人となる。そういう人々は、感謝と償いを怠らず、他の酒害をもっている人々に奉仕して生きる会員になっていく。私は、断酒会の活動のなかで実現するのは、テネシー・ウィリアムズが造型したようなやさしさ・正直・純粋・勤勉・繊細に溢れた、原鉱石のような元の素顔にもどるのではなく、ブランチがさし示す優雅なものへの憧れ、醜い現実を美しいものへ近づけようとする欲求、圧倒的で不正な力に立ち向かいつづける気概を内在化させた、どこにでもお目にかかれる、平凡な、温かく穏やかな人間であると考えるのである。

アルコール依存症が治った状態というのは、平凡な、どこにでもお目にかかれる、温かく穏やかな人間であると思う。

あらゆる人間に長所と短所があるように、アルコール依存症になるまえの人間にも長所短所が想定できる。一言でアルコール依存症者の病前性格を要約すれば、長所は比類のないやさしさであり、短所は社会的適応にやや欠けるということであると私は思う。やさしさの質が違っており、私など、やさしさに触れて言葉を失ったことが数えきれないほどある。反面、集団のなかで自己表現したり、集団を統率したり、あるいは集団のなかで多少の不満に目をつぶって現実を処理し、人の海を抜き手を切って巧みに泳いでいくというような社会的適応力が多少弱いと思われる。

私が入会したころ、偉大な師として尊敬され、父のように慕われていた断酒人がいた。それが児玉正孝（1914年～1983年）である。広島県の造り酒屋に生まれ、ブラジルのサンパウロとモンゴルのウランバートルでも暮らし、兵隊にとられ、戦後は酒害者となって辛酸を嘗め尽くしたあと、和歌山断酒道場の初代道場長の任に就いた人である。

彼を知るすべての人びとが「先生」と尊称をつける点からも、圧倒的に尊敬され親しまれていたことが推断しうるのである。とうていアルコール依存症で苦しんだ人と思われないというのが児玉先生を知った人々の共通する評価であった。

専門病院の院長などを歴任した米田栄之が児玉との共著を出している。[65] この本は一部と二部に分かれている。第一部に児玉の自叙伝と断酒理念（一般的には「児玉語録」と称される）がおさめられ、第二部に米田の治療法が述べられている。第一部を読むと、児玉の謹厳実直な人格が手にとるようにわかるのである。今日の全国の断酒会にも、児玉のようにりっぱな会員がたくさん在籍して「一日断酒」「例会出席」をモットーに活動していること、および私たち平凡な会員も努力次第では素晴らしい人間性の持ち主になれることを銘記しておきたいものである。

法則7　「アルコール依存症者が酒を断ちつづけられるのは、断酒会の集団性の賜物である」

出勤まえや昼食時の隠れ酒も合計すると、日に1升を飲むような人が断酒会に入ってくる。こういう人がきれいに酒を断ち、それを継続していく。

1人で酒を断ちつづけることは不可能であるのに、断酒会では可能である。なぜだろうか。他の会員・家族が話す体験談を聞くことを通して、自分の感じ方や考え方の片寄りがよくわかってくる。つまり、断酒会は酒害者を客観視させてくれる。要するに、例会は飲酒に近づく危険性を感じとらせてくれる。松村語録の第24項にも、「仲間の体験をよく聞き、自分の断酒を再確認しよう」とある。

アルコール依存症者は、自身の酒害に大きな苦しみや悲しみを背負っているが、共通の体験をもっている会員・家族とであれば、苦しみ・悲しみをわかちあえる。酒害者にも健康な友人や血を分けた兄弟姉妹がいるだろうが、彼らに酒害に関する苦しみや悲しみを訴えても理解され難い。わかちあえる人びとがいるからこそ、酒を断ちつづけられるのである。

日々、アルコール依存症に向けられた偏見ないし社会的スティグマによって圧し潰されそうな酒害者も、他の会員・家族と接しているとそれらに立ちむかえる元気をもらえる。

例会において他の会員が飲酒によって悲惨な結果になったという話をするたびに、それを聞いている酒害者は飲酒を思いとどまる。悲惨な結果はいつでもどこでも話されるので、酒害者は長く断酒していくことができる。このように、酒を断ちつづけられるのは、共通体験者のダイナミズムの賜物である。

法則8 「断酒会は豊かさをもたらしてくれる」

法則8を述べるには個人の経験を書くのが適切だろう。

私は、僻村の農家の倅として生まれ、高校を卒業する直前から常習飲酒をするようになる。毎日、湯のみに8分目ほど欠かさず飲む。いい味だと思った。飲むことが楽しみになっていく。嫌なことを避けるようになっていく。高校に勤務するようになって、在日韓国・朝鮮人の子どもや同和地区の子どもたちを支援しつづける。上記の子どもたちが偏見の目で見られない社会を築きたい。そうした子どもたちも伸び伸びと学べ、普通の子どもと同じように就職できる条件を創りたい。そう思って、当時珍しかったハングルを学ぶ。

27歳の夏、お盆に最初の連続飲酒をした。その後、年に数回、あるいは、それ以上、続け飲みをする。仕事が暇になってくると、酒量が上がり、仕事がなくなったとき、酒びたりになる。30歳代になってから、1人で飲むことが多くなってきた。自己否定的だと同僚に指摘されるようにもなってきた。37歳のとき、カップ酒を1本飲んでから、専門病院に相談に行き、完全なアルコール依存症だと診断され、院長が魅力的な人であったため酒をやめる気になって入院した。

退院後、断酒会につながった。会のなかで生き方を教わり、大勢の友だちができ、希望をもって生きてゆけるようになった。半年ほど経ったころ、「日本の酒害を大幅に減らす方法を考えだし、それを文書で世の中に提出したい」と決意する。

初めて飲んだころ、私は母親がひどく嫌いで、自分も嫌いで、特にその性格が身震いするほど嫌いで、たえずイライラと落ち着きがなく、何事もゆっくり楽しむことができず、ちっとも自分を肯定することができなかった。こうした傾向は、アルコールの海に漂流している時代にずっとつづいたのである。

この世には、20歳代から30年間、40年間、晩酌をつづけてアルコール依存症になる人がいる。私は、そういう人に同情的であり、長期にわたって飲酒すれば、誰でもアルコール依存症になるだろうと思う。しかし、私の酒は違った。母親と自分の性格が極度に嫌いで、いつも落ち着けず、自らを肯定できず、また、不満の塊であった、そうした部分こそ真の病気だったと思う。それが逸脱した飲酒にみちびいた1次的な病気であって、いわば病気の本家であると思う。それが元にあって、アルコール依存症は2次的、副次的な疾患であると思う。

アルコール依存症には類型があり、心理的な病気が先行したアルコール依存症、アルコールに関連する身体的な重篤な病気が発現してアルコール依存症のカテゴリーに入れられているアルコール依存症、単なるアルコール依存症の3つに分かれるという牢固な信念を私はもっている。私が断酒しなかったら、40歳代の初めに死んでいたに違いない。

私は仕事も定年まで勤めあげたわけだが、断酒しつつ参加した運動によって、郵政省が管轄する高校就職にかかわる郵政外務職（郵便配達職）の「国籍条項」を撤廃させたことは大きな思い出である。これによって在日外国人の雇用に道を拓く。「冬のソナタ」が契機になって、それ以前の長きにわたる無数の人々の尽力と一体になって、日本人は韓国に偏見をもたなくなっている。日韓の若い人々における意識にはほとんど偏見がないようである。50年ほどまえまでは韓国人は自国を治めることができない弱小民族であると一般に思われることがあったが、今日、韓国人も優秀であるという事実は日本社会に浸透している。

同対審（同和対策審議会）の答申がでた1965年ごろ、異民族起源説・宗教起源説・職業起源説がまことしやかに流布していた。今日、同和問題の評価には微妙なものが横たわっているが、起源（部落の起こり）に関するかぎり江戸幕府草創の前後に権力によって政治的に生みだされたという史実が定着したので、その面での偏見はなくなった。

40数年まえ、同和と在日韓国・朝鮮人問題に熱心である私をとらえて、同僚や父母、子どもたちさえが、「あんたのやっていることは無駄骨さ。金輪際、偏見みたいなものなくなるかよ」と言っていたものだが、課題を残しつつも大きく前進している。同和と在日韓国・朝鮮人問題に関して私は達成感のともなう大きなアイデンティティを覚えている。

自分の子どもたちも育てあげ、独立させることができたうえ、わが国においてアルコール依存症をふくめたアルコール関連問題を大幅に減少させる研究で、63歳で私は博士号を取得することもできたのである。博士ガウンを着用しての学位授与式では、アルコールによる酔いの数百倍もの多幸感を味わった。

また、書物に高い価値を置く私は、よけいな酒害を減らし、酒害に苦しむ人々を減らしたい欲求が強く、出版社の協力を得て、何冊かのそうした本を公刊することができた。これらはすべて、断酒を継続したこと、大勢の人々と出会い、支えられてきたことのお蔭である。世界、アジア、日本、企業、学校……と多くのものに理想をもち、それらを求めて求めて、求め抜いて生きてきた。求め抜けば、実現すると思っている。償う、ゆるす、わびるという営みにも心をつくして取組んだ。酒を断ちつづける営みは、なにより実践することが欠かせないのだが、私はこの29年間、陰ひなたなく活動し、正直、誠実、素直、まじめ、努力、「仲間を大切に」……をモットーにこつこつと断酒に取組んできた。その甲斐があって現在、晴れ晴れとした気持ちで暮らしていられるのだ。地元の断酒会では会長になるように要請され、現在会長として、いの一番に新しい人々の定着に意を注いでいるところである。
現在、母は記録的な長寿に恵まれて生きている。その世話を私が一手に引き受けているが、母親は愛らしい存在になっている。もはや、自分の性格を嫌う傾向など微塵もない。自分を肯定しきっているのである。専門病院でアルコール依存症であると診断された日以降、一滴も飲まずに生きているが、妻や子どもや老母との関係も際立ってよく、数多くのものに恵まれて暮らしているのである。

【註】

(49) 樋口進『成人の飲酒実態と関連問題の予防に関する研究』(厚生労働省　厚生労働科学研究費補助金ガン予防等健康科学総合研究事業、平成15年度研究報告書、2004年）12頁。
(50) 同書、1頁。
(51) 今道裕之『こころをはぐくむ　アルコール依存症と自助グループのちから』東峰書房、2005年、190頁。
(52) 野口裕二は、『アルコホリズムの社会学』(日本評論社、1996年）の18頁に次のように述べている。「スティグマを辞書でひくと、汚名、恥辱、烙印といった訳語が並んでいる。つまり、なんらかの状態をもったひとに付与された好ましくないレッテル、あるいは烙印を意味している」
(53) G.A.Marlatt ed.,"Harm Reduction: Pragmatic Strategies for Managing High-Risk Behaviors" New York Guilford Press, 1998, p. 74.

(54) 厚生労働省大臣官房統計情報部編『平成17年度患者調査　上巻（全国編）』（財）厚生統計局、2007年。
(55) 清水新二『酒飲みの社会学　アルコール・ハラスメントを生む構造』素朴社、1998年、1頁。
(56) E. M. Jellinek, "The Disease Concept of Alcoholism," Hillhouse, 1960.（羽賀道信・加藤寛訳『アルコホリズム　アルコール中毒の疾病概念』岩崎学術出版社、1973年、17—78頁。
(57) 西田実「断酒会の現状とこれから」（全断連「かがり火」、2010年1月号、15頁。
(58) 平山雄「アルコールの健康影響」（河野裕明・大谷藤郎編『我が国のアルコール関連問題の現状—アルコール白書』厚健出版、1993年、6—21頁。
(59) 高木・猪野、前掲書、26頁。
(60) 同書、26頁。
(61) 同書、54頁。
(62) 同書、55頁。
(63) テネシー・ウィリアムズ　田島博訳『欲望という名の電車』新潮社、1956年。
(64) 森岡洋『誌上アル中教室』星和書店、1992年、69—105頁。
(65) 児玉正孝・米田栄之『酒をやめたい人のために　アルコール依存症からの回復』星和書房、1992年。

第II部

個人の生き方として

第4章

偏見をどう乗りこえるか

——社会と断酒会における友好関係の構築

治療を受けるべき人が受診に抵抗することの原因の1つは、アルコール依存症に対する偏見の強烈さを知っているからだ。セルフヘルプ・グループに加入している人が離れていくことについては多くの原因が考えられるが、偏見の凄さもその1つである。酒を断って再就職するときにもこの問題が出てくる。子どもが結婚する前後にも親のアルコール依存症に関する社会的スティグマが出てくる。

アルコール依存症領域では、アルコール依存症であることを認めたり、断酒を継続するという大きな問題を除けば、アルコール依存症に関する偏見がもっとも巨大な問題である。本章では、アルコール依存症に関する偏見をどう捉え、どう乗りこえるか、いかにその厚い壁を破るか、を考えていく。最初、断酒会員は、どういう意識をもっているか、社会にどんな目を向けているか、を調査する。次に一般住民がもっている回復途上者に対する排除志向を清水新二の調査から明らかにする。

第1節　調査内容と断酒会員の意識

断酒会会員各位

断酒生活についてのアンケートのお願い

このたび、一般社会と断酒会とのかかわりを調査・研究することになりました。お時間をお取りしますが、断酒生活についての、あなたの声をお聞かせくだされば、有難いです。一般社会に断酒会員の声を知ってもらうためにも、ご協力をお願いします。なお、アンケートは無記名で個人のデータが発表されることは一切ありません。中本新一（断酒会会員）

各質問に対して、該当するものに○印を付けてください。また、必要な場合には（　）に記述してください。

（1）あなたは、自分の断酒に誇りや自信をもっていますか。

1・はい　　2・いいえ　　3・わからない

（2）あなたは、自分の断酒継続に不安がありますか。

1・はい　2・いいえ　3・わからない

（3）あなたは、断酒をつづけていく上で断酒会とは別に、社会的な援助があればよいと思いますか。

1・はい　2・いいえ　3・わからない

（4）（3で、「はい」と答えられた方のみ回答してください）。

「どういった支援があれば助かる」と思いますか（複数回答可）。

①辛いことの相談ができたらよい。②友達づくりができたらよい。③断酒に関する助言があったらよい。④求職支援があったらよい。⑤昼間に仲間と話ができたらよい。⑥経済的困窮に対して相談できたらよい。⑦畑仕事やスポーツができたらよい。

・その他、欲しい支援があれば、お書きください。（　　　）

（5）あなたは、断酒会に入会してから、アルコール依存症であることのために、世の中の人々から不愉快や苦痛を受けたことがありますか。

1・はい　2・いいえ　3・わからない

（6）（5で、「はい」と答えられた方のみ回答してください）。

どんなとき、不愉快や苦痛を受けられましたか（複数回答可）

①自分の就職時　②自分の縁談　③自分の仕事面　④自分の人間関係

⑤妻の人間関係　⑥子どもの縁談　⑦子どもの人間関係

・その他、受けられた不愉快や苦痛をお書きください。（　　　）

（7）酒類の自販機は、アルコール依存症の原因になっていると思いますか。
　　1・はい　　2・いいえ　　3・わからない

（8）民間テレビでの「飲むシーン」大写しの酒類の宣伝放送は、断酒のさまたげになっていると思いますか。
　　1・はい　　2・いいえ　　3・わからない

（9）今後も断酒を継続するためには、例会に休まず出席して、酒害を語りつづけることが必要だと思いますか。
　　1・はい　　2・いいえ　　3・わからない

（10）今後も断酒を継続するためには、酒に走らない人間性を創って、自分を見つめていくことが必要だと思いますか。
　　1・はい　　2・いいえ　　3・わからない

調査期間は、2009年7～8月である。調査対象は断酒会会員（N＝96）である。アンケートは自記式で、①会員の内面、②現在必要な援助、③アルコール依存症にかかわる被害、④酒類販売に関する問題、⑤断酒継続の方法、という5セクションから成る。調査票は私が作成し、古くからの友人である、兵庫県尼崎断酒友の会の斉藤八郎、大阪府貝塚市断酒会の北川弘、青森県津軽断酒会の森田猛に調査票を送付し、3者がそれぞれの地域で調査を担当した。回収数は96枚で回収率は100％であ

表1　アンケート調査結果

質　問	は　い	いいえ	わからない	無回答
(1) 断酒に自信・誇りを持っているか	76.0%	12.5%	11.5%	0
(2) 断酒に不安があるか	39.6%	45.8%	14.6%	0
(3) 断酒会とは別の援助があればよいか	63.5%	9.4%	22.9%	4.2%
(4) 別の援助があればよい人のみ回答	経済的不安に対して相談できたらよい（36人）→悩み事の相談ができたらよい（33人）→就労支援があればよい（32人）→仲間づくりができたらよい（17人）→畑仕事やスポーツができたらよい（15人）→昼間に仲間と話ができたらよい（14人）→断酒に関するアドバイスがあったらよい（11人）			
(5) 不愉快・苦痛を受けたことがあるか	65.2%	27.5%	6.3%	1.0%
(6) 不愉快・苦痛を受けた人のみ回答	自分の人間関係（42人）→自分の仕事面（31人）→妻の人間関係（23人）→子どもの人間関係（9人）→子どもの縁談（8人）→自分の就職時（5人）→自分の縁談（1人）			
(7) 自販機は依存症の原因と思うか	68.8%	21.9%	8.3%	1.0%
(8) 酒のCMは断酒の妨げか	41.7%	54.2%	3.1%	1.0%
(9) 例会出席と酒害語りが必要か	94.8%	0	5.2%	0
(10) 人間性をつくらねばならないか	95.8%	0	4.2%	0

る。内訳は、尼崎方面68枚、貝塚方面23枚、津軽方面5枚であった。

以下、アンケート結果を読み解いていく。自信や誇りをもつ会員が高率であり、一般住民の想像を越えるものであろう。問（9）では松村春繁が主導した断酒方法に対する賛否を問い、問（10）は児玉語録（児玉正孝が生前口にすることの多かった言葉を編んだもの）に説かれている断酒方法への賛否を問うものであるが、今日両者は圧倒的に支持されている。踏みこんでいえば、現在の会員は断酒方法に健全であると言える。

自販機がアルコール依存症の原因になっていると会員の約7割が答えているが、この指摘に一般人は驚くであろう。従来、一般住民を対象にした調査（N＝631）では、自販機廃止にかかわる提案は、積極的支持15・8％、どちらとも言えない24・6％、必要なし59・6％であった[66]。一般住民は、街角の自販機について問題性をほとんど感じず、利便性があってよいと捉えているものが多いのであるが、当事者たちの多くは体験的にアルコール依存症の原因になっていると判断しているのである。

「飲むシーン」大写しの宣伝も、一般人は、痛くも痒くもないと感じるのが普通であるが、アンケート結果から当事者において断酒のさまたげになっている事実が浮き彫りになった。酒類自販機と「飲むシーン」大写しの宣伝は、アルコール依存症者、未成年者、女性、高齢者にとって危険であると古くから指摘されながら、メーカーの利益を重視する観点から廃止にならないのである。

酒害者が断酒をつづけていくには、断酒会とは別個である社会的サポートが必要であることを示唆す

表2　アルコール依存症退院患者に対する態度（%、N = 603）

社会的距離	同　感	まあ同感	わからない	余り同感しない	同感できない
一緒に働くのはいやだ	31.0	8.0	16.3	10.0	34.7
隣に住むのは気持ち悪い	34.8	14.1	17.2	7.5	26.4
その家系とは結婚したくない	49.3	10.4	14.8	7.3	18.2

注：既婚対象者には「結婚させたくない」を問うた。
出典：清水新二『アルコール関連問題の社会病理学的研究』（ミネルヴァ書房、2003年）、81頁

るのが問（3）である。6割強が断酒会とは別である社会的な支援を期待している。特に多いのは、「経済的困窮に対して相談できたらよい」「辛いことの相談ができたらよい」「求職支援があったらよい」である。給料や年金の乏しさ、相談相手のいない孤立的暮らし、仕事にめぐまれない状況をありありと見せつける。

問（5）で、アルコール依存症のゆえに、「人間関係」「仕事面」を中心に世の中の人々から不愉快や苦痛を受けた会員が7割弱も存在することが判明した。

一般住民や医療者は、アルコール依存症者は断酒会につながっていれば十分ではないかもしれないがほぼ満足できる環境にあると考えることが普通であるが、その断酒会員は断酒会とは違った社会的支援を要望しているのである。

酒を飲んでいた時代にアルコール依存症者は、蔑視され、冷笑されることが多かった。一般的に、酒をやめていなかったとき、不愉快・苦痛をいやと言うほど体験したものは、断酒会で酒を断っていけば、今後、社会的にそれらに遭遇することはないだろうと入会前後に思っていたであろう。次に清水新二の調査結果を見たい。清水は、1981年と

1982年に秋田県で地域の一般住民（20歳から60歳の男子）を対象とした面接調査を行った。表2から、専門病院で数カ月禁酒してきたアルコール依存症からの回復途上者は、「同感」・「まあ同感」を合計した数字が高率になっていることから、職域・地域・婚姻の3面において、厳しく排除されていることが知れる。

第2節　道徳的モデルから医学的モデルへ

この節ではアメリカにおけるアルコール問題に関する取組みをみて、そこにおける偏見成立の小史と偏見に抗する考え方の登場を明らかにしたい。本稿ではアルコール中毒とアルコール依存症の表記については、WHOが1976年にまぎらわしい「アルコール中毒」の言葉を廃して「アルコール依存症」の概念を提案したことを尊重して、両方の用語を時系列的に使い分けていく。

アメリカは20世紀までアルコール問題対策の一方のリーダー国であった。

植民地時代の同国は、アルコール中毒をヨーロッパのように内因性の狂気として見ることが少なく、自由意思による常習飲酒の結果として捉えていた。[67]合衆国独立のあと、内科医のラッシュ（B.Rush）は、アルコール中毒を意思の疾患として把握し、酒類のアルコール度数の強さと道徳的荒廃を視覚的、一元的に対応させる「道徳身体寒暖計」（moral physical thermometer）という進行表を創出した。[68]ラッシュの業績について特徴的なことは、アルコール中毒を進行性と道徳的疾患として提出したことにある。彼は、アルコール中毒を狂気と結びつけず、自由意思が過剰飲酒を招き、長期年数を経て道徳的荒廃をもたらすと説いていた。すなわち、ラッシュには進歩的な側面と、偏見に近いものが混在していたのである。しかし、ラッシュがアルコール中毒の本態について、アルコールに対する「嗜癖」（依存症）概念を打ち出したこと、および生き残るためにすべての酒を断つことを説いた事実は、今日的で新しい。

ヨーロッパでは蒸留技術が19世紀に確立し、それまで富豪やエリートのものでしかなかった飲酒習慣が一気に庶民にまで浸透し、その結果、過剰飲酒＝逸脱がアルコール中毒として指弾されるようになっていったが、アメリカも同様であった。つまり、19世紀以降、安くなった大量の酒類に人びとが耽るようになってから、アルコール中毒者への偏見と排除が本格化したのである。

そして19世紀のアメリカで、第2章第2節に述べた通り、テンペランス（禁酒）運動が起きるのであった。テンペランス運動おいて、アルコール中毒者は過剰飲酒に責任をもつべき罪人であり、追放・処罰すべしとする道徳的モデルが濃厚であった。しかし、同時にテンペランス運動が、アルコール中毒者は病人であり治療を必要としているとする医学的モデル成立の母体の役割も果たす。また、テンペランス運動は、進行性という認識から、社会からいっさいの酒類を追放すべしとする価値観をも生み出した（排酒思想の成立、禁酒法の揺籃）。

この時代、医学的研究の成果によってテンペランス運動が構築されたのではなく、酒は人を滅ぼすという庶民の情念が推進エンジンになっていたのである。

20世紀になって禁酒法（１９２０年～１９３３年）が施行されたが、これは医療化（逸脱者を病人として治療する）よりも司法化（逸脱者を罪人として処罰する）を選んだことの結果である。禁酒法の廃止後、エール大学にアルコール問題の研究センターが創設されて優れた医学者が集まった。

エール大学の研究センターの一員であったジェリネック（E. M. Jellinek）はＡＡ（Alcoholics Anonymous　匿名断酒会）から得た資料を分析して、アルコール中毒における疾病概念を定式化（１９５２年、１９６０年）した。[69]薬物要因、個体要因、環境要因を発症原因として上げるとともにアルコールに対するコントロール喪失とアルコール中毒の進行性を証明したのである。ジェリネックは、アルコール中毒から脱する方法として完全な断酒の継続を説き、この病気の身体性を重視したが、精神障害論も当然のこととしていた。ジェリネックによって医学的モデル、すなわちアルコール中毒は病気であるという考えが確立したのである。

禁酒法が廃止されてすぐあとの１９３５年にＡＡが創設された。ＡＡは医療化を促進する一方で、アルコール中毒のアレルギー説（アレルギー反応がアルコール中毒だと説明しながらも、その根拠はいまだ医学的に証明されていない）を主張し、そのことによって医療・医薬品に抵抗を示し、ＡＡは結果的には医療化には両義的な姿勢を示した。[70]

ＡＡは、コントロール喪失を強調し、道徳的モデルからは自由になりつつも魂の不健全を力説することを通して医学的モデルからは多少後退していると私は考える。

１９６０年代から１９７０年代中期にかけて、ジェリネックの学説に対して修正が出された。すなわち、アルコール中毒者は必ずしも全員がコントロールを喪失するわけではないし、進行性の見られないケースも存在する、と修正されたのである。[71]

ジェリネックの疾病概念が揺らぐなかで、1970年代に注目されたのが社会学者カハラン（D. Caharan）らの疾病の生理学的実体を問わない「問題飲酒」（problem drinking）という概念である。[72] これは、その人物のアルコールの飲み方が医学的に病気であるかどうかを考慮せず、その人物にアルコールによって問題が生じているかどうかを判断基準とするのである。

1970年、自らのアルコール中毒をAAで治したハロルド・ヒューズ議員の奮闘によって、「アルコール乱用およびアルコール依存症の予防・治療・リハビリに関する総合法」（通称は「ヒューズ法」）が制定される。これは、予防、研究機関、病院、官庁、AAが相互に連携して酒害の抑止にあたる総合的政策である。この施策によって、アルコール依存症が国民的関心を呼ぶ。

反面、アルコール依存症についての知識が国民に浸透していく過程で、1980年代から1990年代にかけて、大衆レベルではアルコール依存症の子どもは成熟できないまま被害を周辺にまき散らすとするアダルト・チルドレン論という想念も現出させた。

1990年代以降は、連邦政府によって、アルコール依存症などのアルコール関連問題と国民の平均的アルコール消費量に高い相関関係があるとする立場から、国民1人当たりの年間酒類消費量を抑止する施策が展開されている。

第3節　日本の現実――国はアルコール依存症をどう位置づけているのか

中江兆民は、「アルコール中毒」という言葉を最初に用いた日本人であって、彼は衆議院議員の辞職願にこの用語を使った。「アルコール中毒」という言葉が使われだしていたが、戦前の文献を渉猟しても、アルコール中毒者に対する処遇の細部はわからない。

1950年に戦前の「精神病者監護法」と「精神病院法」を廃止しかつ継承して精神衛生法が公布された。この法律に規定された同意入院制度では、アルコール中毒者の同意にもとづく入院ではなく、家族の同意によって患者が入院させられる制度であり、そういう場合、患者にとって強制入院であることは異論のないところであった。しかも、精神病院は閉鎖病棟がほとんどである。

大阪大学大学院教授を務めた大熊一夫は、閉鎖病院・病棟における入院患者への虐待を『ルポ・精神病棟』（朝日新聞社、1981年）に記している。患者に対する制裁として、電気ショック療法（同書、52頁）が用いられ、反省室も使われ、静かにさせるためにロボトミー手術（同書、215頁）も行われたという。入院中の中毒者への虐待のなかでもっとも陰湿なものが「薬漬け」（同書、120頁）であった。

私は、断酒する直前に精神衛生法時代の専門病院に3週間入院したが、山奥の工事現場に建つ飯場のように老朽化しきった病棟であった。アルコールの匂いをさせて初診を受けたということで、一昼夜、反省室に入れられた。板間に汚らしい煎餅布団が敷かれ、便所として囲いもない大穴が開いており、始終、反吐がこみあげる悪臭がたちこめている。薄汚れた天井の裸電球がわびしい灯りを投げかけている。脱走防止のためか、ドアは金属製で非常に頑丈であった。

外部と通じているのは、ドア横の長方形の穴だけである。この穴をくぐり抜けることはできない。音がする。穴からのぞくと、険しい顔をした看護士が立っている。アルミ盆を穴から手渡した。アルミ盆には粥の入ったどんぶりと漬物があった。翌日、反省室から病棟に移った。清掃や食事の配膳は過剰飲酒で体力を落としている患者が担当し、入院後1週間は現金がもてず、また通信の自由もなかった。

1987年より入院患者の人権擁護を内容とする精神保健法が施行され、右のまがまがしい事態は消失したのである。

欧米では18、19世紀に自然科学が発展し、アルコールの薬理性に関心が向かい、それがアルコールの社会的コントロールへと進んでいった。それと対照的にわが国ではアルコールの恐ろしさに対する認識が低いまま第二次大戦後を迎える。つまり、アルコールの3属性（食料、飲み物、薬物）のうち、依存性・致酔性・致死性のある薬物としてのアルコールを社会的、医療的にコントロールしようとする発想が育まれてこなかったのである。

戦後のアルコールに関した法律においても、アルコール依存症の予防、治療、再発防止を広く国民に呼びかけた条文は存在しないのである。確かに市川房江議員の尽力によって制定・施行された「酒に酔って公衆に迷惑をかける行為の防止等に関する法律」では、「アルコールの慢性中毒者」という文言を使っているが、さらに踏みこんで「疾病」↓「治療」↓「再発防止」の視点で対処しようとする条文は存在しない。わが国では、アルコール依存症の管理法は、精神衛生法（１９５０年）、同法改正（１９６５年）、精神保健法（１９８７年）、同法改正（１９９３年）、精神保健福祉法（１９９５年）、障害者自立支援法（２００５年）であるが、国はアルコール依存症をどのように認識しているのか。

戦後一貫して、アルコール依存症は精神障害のカテゴリーに入れられてきたのである。国にすれば、精神障害の範疇にくるのは根拠のあることだろう。結論から先に書けば、アルコール依存症に即して精神病が出現するから、ということである。林田基（編）『アルコール関連障害とアルコール依存症』(73)に依拠してアルコール依存症に関連した精神障害を要約したい。上記文献にアルコール中毒診断会議（１９９７年）がまとめた「アルコール精神疾患の現状と診断基準」の梗概を鈴木泰夫が記述している。アルコール依存徴候を有する精神病として、アルコールてんかん、振戦せん妄、アルコール幻覚症が上げられ、アルコール依存徴候を基盤として生じる精神病として、アルコール性認知症、アルコール性コルサコフ精神病、アルコール性嫉妬妄想がまとめられる、と鈴木は書いている。

私の断酒会での経験から言えば、上記症状（疾患）の大半は、断酒後、数日までに消失する単なる離脱症状に過ぎないのである。医学界にも離脱症状は精神病ではないとする見解がある。健康な一般者にも精神障害は珍しいことではなく、アルコール依存症者にも精神障害と無縁な人々が多く存在している。また、飲みかつ精神症状のあるアルコール依存症者と、断酒しかつ精神症状のないアルコール依存症者を同列に扱うのは科学的でないと思う。

アルコール依存症には身体的障害、精神的障害、社会的障害が出現することが少なくないとするのが世界の共通認識であるが、わが国のように精神障害だけを強調するのは、管理法としてきわめて異質である。

飲酒19年、断酒29年の私の経験から言えば、21世紀になった今日でも、日本人の間では道徳的モデルが非常に優勢であり、病的飲酒者をアルコール依存症に結びつけて解釈できるものはきわめて少数であるということだ。こうした事実と国の方針との間には強い因果関係があると思われる。また、アルコール依存症の女性に向けられる道徳モデルの強烈さには驚くべきものがある。

第4節　アルコール問題を個人の問題と矮小化する文化と偏見

日本では、アルコール依存症やその他の酒害が発生したとき、政治や社会にも原因があると考えることをせず、個人の問題に矮小化する傾向が顕著である。２００６年に福岡市の職員が、飲酒運転で幼い3人の子どもを死にいたらしめた。新聞やテレビは、事件の悪質さを大々的に報道し、国民も飲酒運転の恐ろしさを訴えた。結果として、警察庁は道交法を改正して、酒を提供した飲食店と同乗者に懲役刑を設定した。しかしながら、日本における酒の売り方・売られ方・扱われ方は問題にならなかった。私は飲酒運転者に大きな責任があると思っているが、酒の売り方・売られ方・扱われ方も重要である。現に、ＷＨＯが小売に求めている4点、つまり、「時間」「日」「場所」「店舗数密度」の規制がわが国にはない。相対的に酒価が安いという事実もある。テレビのＣＭや自販機の問題もある。右の事件のとき、酒を飲んで運転したやつや酒を飲ませるやつが悪いのだ、そういうやつには厳罰を与えるべきだ、というふうに悲惨で社会的な事件が矮小化されたと私は考える。

私は、アルコール問題を個人の問題に矮小化するやり方は、飲むことと酔うことに寛容な飲酒文化から生じていると思う。

わが国がほぼ超時代的に飲むことと酔うことに寛容な飲酒文化をもっていることは確かである。[74]

聖書には飲酒にまつわるエピソードが豊富だが、おおむね酩酊は忌まわしいという筆致で記述されている。周知のようにハムラビ法典もアルコールに関係する違法行為に対して厳罰を明記している。一方、古事記、日本書紀を繙いても飲酒や酩酊を非難する文章はほとんど見当たらないのである。また、延喜式には14種の天津罪、８種の国津罪をあげているが、酩酊もしくは過飲にかかわる罪は１つもない。[75]万葉集にも酒の歌が多く、飲酒は好感をもって歌われている例がほとんどである。イスラム教やヒンズー教は戒律として禁酒を掲げており、その社会は禁酒を守っている。

日本は、古代から飲むことと酔うことにきわめて寛大であるが、なぜそうなのか。宗教が飲酒に大きな影響をおよぼしていることは疑いがない。日本仏教を原因の１つとして捉えることもあるが、歴史上、僧坊酒[76]があったとしても、やはり仏教は禁酒または節酒にみちびくものである。儒教は宗教ではなく家族道徳であり、これも節酒にみちびく。私は、神道が罪や汚れのキヨメとして酒類を使用していたことが決定的であったと思っている。[77]

飲むことと酔うことに寛容でありながら、同時に日本でも古くから禁酒令や節酒令が農民に発せられている。646年には「農作の月には、田作りに励め、魚酒を禁ぜよ」(日本書紀)と魚酒禁止令が農民に下されているが、これが禁酒令の初見のようである。732年から900年までの間に8回も禁酒令が出された。しかし、形式は禁酒令であるが、農業に多忙な時期には飲酒を慎め、という実質的に節酒令であり、多くの場合、事前に届けておけば飲酒が許された。つまり、農民への要望に過ぎなかったのである。

鎌倉時代に式三献が流行して酒宴の作法が示され、安土桃山時代に清酒の原型である諸白(もろはく)が創り出された。江戸時代になってから、封建制度を死守するために酒造を管理し、具体的には酒造株制度で業者数と酒造高を規制し、食べる米を確保しようとした。しかし、これは成功せず、消費量と酒造はしだいに増加していった。古代から近世の終わりまでのわが国には、節酒への志向が一部にあったが、飲むことと酔うことに寛大である基調に変わりはなかった。

明治維新後の近代化の過程で酒類消費量が激増し、21世紀初頭のここ数年、国民1人当たりの年間消費量は純アルコール換算で6・5~6・6ℓになっている。[78] この消費量は、国別順位では20台の後半であるが、考慮しなければならないことは、日本人はアセトアルデヒド脱水素酵素にかかわる生物学的特質をもつということである。アセトアルデヒド脱水素酵素の失活型(欠損型)はまったく飲めず、少し飲める不活性型は長年努力しても清酒1合を飲むのに苦労すると言われる。原田勝二の遺伝子型の研究によれば、出現率は活性型56%、失活型4%、不活性型40%である。[79] 要するに、6・5~6・6ℓ近辺の消費量は、飲める体質の日本人が相当過飲しているだろうことを推定させる。生物学的な特質を念頭において、飲める体質をもつ日本人男性だけを選び出せば、国民1人当たりの純アルコール消費量6・5～6・6ℓは世界上位に入るとする研究もある。[80]

断酒会入会後の私の経験からはっきりわかっていることは、飲酒に問題をもっている人、ひらたくいえば病的に飲酒量の多い人ほど、また、アルコール依存症を疑われる人ほど断酒会ならびにその会員に攻撃的であるということである。清水新二の秋田県での調査においても、毎日飲酒する人々は、既知のアルコール依存症者に対して寛容性がいちじるしく低いのである。[81]

酒飲み友だちは、飲んでいた時代にはすばらしい友人であった。しかし、「断酒会に入会した」と話すと、手のひらを返すように「俺は、おまえのようなアル中とは違う」と突き放す。アルコール依存症の男と酒席を同じくして飲んできたとあっては、自分も疑われるからである。そこで、アルコール依存症者との間に明確な境界を設け、自らの立場を安定化させるのである。

今日でも酒類を多く飲めるものは、仕事もできるという素朴な信仰が生きており、宴席の場以外でも、「酒豪」「上戸」と英雄視されている。上戸は、律令で租税・労役・兵役を多く負担できる家筋というのが本来の意味であったが、飲むことと酔うことに寛容な時代の経過にしたがって、「多く飲めるすごい人」の意がこめられ、その対語としての下戸は「飲めない駄目なやつ」となったのである。

右に述べてきたように、わが国は飲むことを価値ある行為とみなし、酔うことを尊重する伝統と慣習のなかで、酒の扱われ方・酒の売り方・酒の売られ方にまで目配りすることができないでいる。凶悪なアルコール問題が発生するたびに当事者の振舞いと人柄だけが注目を集め、そして、個人の問題として論難して終わるのである。こういう文化があるがゆえに、偏見ないし社会的スティグマも大きいと考えるのである。

第5節　偏見が生み出すものと偏見の緩和・解消法

本節の参照文献は、松下武志『アルコール依存症　偏見対策マニュアル』(全断連、2006年)、上瀬由美子『ステレオタイプの社会心理学』(サイエンス社、2002年)、R・ブラウン　橋口捷久・黒川正流訳『偏見の社会心理学』(北大路書房、1999年)の3冊であるが、本稿では社会心理学の研究成果を紹介したい。本節後半で聖書「創世記」やドストエフスキー『罪と罰』を参照する。

なぜ、偏見が生まれるのかという問いに対する解答の1つは、社会心理学によれば権威主義的パーソナリティ説である。自分の所属する集団や権威には盲目的に同調し、信奉するが、他集団や弱者には敵意をもち服従を強いる性格をさす。確かにこの種の男女が徘徊し、偏見をまき散らしているようだ。

なぜ、偏見が生まれるのかという問いに対する2番目の解答は、人間の認知メカニズムを根拠にする考え方である。誰でも、複雑な現象はカテゴリー化して単純化することによって対応している。そのとき人は、カテゴリー間の差異を強調して認識するものだ。例えば、アルコール依存症と非アルコール依存症との違いを強調する。つまり、あいまいな部分を認めないのである。また逆にカテゴリー内の差異を縮小して捉える。例えば、アルコール依存症者のなかで回復している人と、まだ回復していない人との差を小さく見る。どっちみちアルコール依存症だと貶したりするのだ。

また人は、外集団（自分が所属していない集団）の成員を、みんな同類だと考えてしまう。例えば、断酒会に所属していない人が、断酒している断酒会員と飲んでいるアルコール依存症者を同じものだと考えるのである。この辺からも断酒会員への偏見が生じると考えられる。

右の権威主義的パーソナリティ説にしろ、認知メカニズムを根拠にする考えにしろ、それらは個人に注目した捉え方である。ここから社会集団のレベルに着目した考え方をみよう。この1番目は、集団間の対立から偏見が生じると考える。すなわち、自分が所属する集団（内集団）は飲酒するのに、断酒会は世の中から酒をなくそうとしていると曲解して、断酒会員に対する嫌悪、敵意、偏見が生まれると考えるのである。2番目は、「内集団ひいき」と呼ばれるもので、対立のない集団同士の間にあっても、「自分たち（内集団）の方が優れている」と判断し、断酒会を自分たちより一段低いものと見なし、そこから断酒会員に対する偏見が生まれると考える。

なぜ、偏見がなくならないのか。社会心理学には2つの考え方がある。1つは「人は仮説確証型の情報処理傾向をもっている」からであるとする考え方である。「人には、ある信念をもつと、それに一致する事象が生じると予期する傾向があり、その予期にしたがって新しい情報を探索し、解釈する傾向」（上瀬、46頁）がある。そして、信念から外れる事象は無視されて偏見が維持されていくと考えるのだ。例えば、アルコール依存症は酒をやめられないと信じると、飲酒して悲惨になっていくケースばかりを追う。２つ目は、「ステレオタイプの自動活性化作用」（上瀬、61頁）が偏見の維持に力を発揮しているとする考え方である。私たちが、普段の暮らしで形成したステレオタイプは似たものが集まり、ネットワークされている。それらは、普通、閉ざされた状態である。

しかし、ちょっとしたことから、ある一部が引き出されると、関係する別のステレオタイプが次々活性化していく。例えば、ある人が「あの人は断酒会員だ」と話すと、側にいる人々が、断酒会員が「弱者」であり、「意志が弱く」「酒を飲む」といったステレオタイプを次々引き出す。こうして偏見が維持されると考える。

私は社会心理学の書物を読んで啓発されたが、腑に落ちない点もある。権威主義的パーソナリティ説では偏見の社会的・地域的な差が説明できないと思う。

社会心理学において仮説を立てると、実験で可否を決めて考えを進め、また仮説を立てて実験結果を分析していくが、こうした方法に弱点があると思う。実験そのものに生きてきた歴史の奥行きや生活を支えている情念が正確に反映するだろうか。人は、他者への偏見を内蔵して自身の危機や不満をそらすことが少なくないと思われる。人と社会の関係、および人と人の関係では、疑惑、怒り、嫉妬もそうしたものを動かしているのだが、被験者からは、それらを評価できにくい側面をもつと考えられる。

なぜ、偏見がなくならないのか、ということに関して、いわゆる構築主義は上記の見解とは異なった把握法を示している。これはラベリング相互作用論者の考え方である。すなわち、アルコール依存症への偏見に限定すれば、アル中＝どうしようもなく駄目なやつという存在があるがゆえに、かえって社会において連帯と健全性が高まり、一般の飲酒者にむけて社会規範の許容範囲を逆照射し、一般者は具体的には健全な生活と適切な飲酒をめざすと考える。要するに、社会の維持・発展のためにはアル中たちが必要だと認識するのである。

次に偏見の具体例を考えたい。私たちの身近な生活において偏見を考えるために、聖書「創世記」とドストエフスキー『罪と罰』をみていこう。

なぜ、カインは弟アベルを殺したのか。カインは地の産物を神に供え、アベルはういご（初子）と肥えたものを供えた。神はアベルの供えたものを非常に喜び、カインのものはほとんど顧みられなかった。カインは大いに憤ってアベルを殺害した。アベルには感謝と懺悔があったのに対して、カインの精神にそれらが欠如していたと思われる。感謝と懺悔のない心に偏見が生じそれが殺人へと駆り立てたようだ。また、神は、ノアに命じて3階建ての箱舟を創り、家族と生き物のすべての1つがいを遺そうとした。やがて、大雨・洪水がノアの8人家族・動物以外のすべてを滅ぼす。

その後、シナルの地に平野を得て、そこに町と塔を建てて、その頂きを天に届かせようとする。こうしてバベルの塔の建設が進んでいく。「創世記」の物語は人々の傲慢さを語っている。

小林秀雄はドストエフスキーの作品群に熱心である。小林は、自分の「罪と罰」において、「これは犯罪小説でも心理小説でもない。如何に生くべきかを問うた或る『猛り狂った良心』の記録なのである」[82]と位置づけている。ラスコリニコフは、人間を凡人と非凡人の2型に分け、「新しい価値を産もうとする後者の前には、法も道徳もない」と判断し、ナポレオンは何百万人を殺しても非凡人であるので、罪人ではなく英雄として称賛されると考える。この妄想の下、ラスコリニコフは高利貸しの老婆を殺害する。アベルの殺人も傲慢にもとづく偏見によるものであったように、ラスコリニコフの場合も傲慢と偏見によるものである。傲慢が偏見を生み、偏見が破壊をもたらす。「ノアの箱舟」も「バベルの塔」も世界ができた初めにおいて生きたものたちが偏見に満ちていたことを活写している。まったく人間というものは傲慢と偏見から容易に自由になれないようである。

ここで日本の歴史的事実をみて、偏見の緩和・解消が可能かどうかを考察する。

明治以降の日本も種々の偏見に直面してきたが、その最大のものは被差別部落であると言っても過言ではない。部落民衆こそ痛ましい犠牲者であった。「同対審」答申（1965年）は、職業選択の自由、教育の機会均等を保障される権利、居住移転の自由、結婚の自由などが同和地区住民に保障されていないことを指摘する。

この同和地区の起源に関する、差別を合理化する誤った考えが、当時（「答申」の前後）の日本社会にまことしやかに流布していた。それらは、「職業起源説、異民族起源説、宗教起源説」である。(83) 今日において、同和問題の評価には微妙なものが横たわっているが、被差別部落の起源が戦国期から近世初頭にかけてのころ、権力によって定まったとする史実が浸透した結果、職業起源説・異民族起源説・宗教起源説に限れば、こうした偏見はほぼ消滅したと考えられる。これは、同和対策特別措置法などを背景とする行政、老若男女が一体になった運動、学校園における同和教育などの連携的推進によるものであろう。つまり個別的な偏見や差別は、国の方針や法律が後押しし、それに即した必要な学習や社会的取組みが連携すれば、解消できるということである。人が偏見をもちやすいことは、社会心理学の成果や「創世記」から明らかであるが、具体的、個別的な偏見は右のような方法で相当緩和できるのである。

ここで前述の松下武志の著作に戻る。偏見の緩和と解消のために何をすればよいのか。断酒会員はどうすればよいのか。この主題に即して松下は以下のように述べている。①断酒会員は自己イメージを高め、②断酒例会や研修会の公開性を高め、③市民に対して広報活動をし、④アルコール依存症者とそうでない人たちとの接触を発展させる、と説いている(松下、11―13頁)。

第6節　社会的モデルが確立できるか――日本の21世紀

一般社会と断酒会における友好関係を構築するために取組まねばならないことの1つ目は、いまだアルコール医療機関を知らずにいるアルコール依存症者に対する治療の推進である。アルコール依存症者の推定数は、KAST(久里浜式アルコール症スクリーニング・テスト)で約427万人、ICD―10(国際疾病分類　第10版)で約82万人である(第3章法則1参照)。一方、アルコール依存症者としてアルコール医療や精神科に入院・通院している患者は5万人程度である。上記の通り、わが国のアルコール医療は非常に遅れているのである。

また、わが国においてアルコール依存症を治療する医療機関は約290施設であって、[84]これらで5万人程度を治療しているわけだから、施設・医療者の不足も容易に推断できる。したがって、国はリハビリ・治療を重視する施策を採る必要がある。つまり、病院やクリニックをどんどん建設し、医療者を大量に養成し配置すべきである。

アルコール依存症は否認の病気であるといわれる。患者がアルコール依存症であることを認めないからである。大合唱と言っていいほど、アルコール依存症であることを認めないものを非難する意見、圧力が医療やセルフヘルプ・グループで根強い。一般的にアルコール依存症は確かに否認する側面をもっている。しかし、否認の病気であるよりも偏見の病気である側面のほうが大きい。アルコール依存症を容易に認めないのは、アル中＝「どうしょうもなくダメなやつ」とみなすからだ。アルコール依存症が偏見の病気だからこそ、受診しないものが多いのである。多くの日本人はアルコール依存症が歴とした病気であることをあまり知らない。たとえば、飲酒しなかった日の夜の睡眠障害や、飲酒停止の6、7時間後の発汗がアルコール依存症の症状であることを世の人びとはどれほど知っているだろうか。

一般社会と断酒会における友好関係の構築にとって、つまり偏見の除去に関して有効な施策の2つ目は、アルコール依存症の医学的理解、病気知識の普及であると私は考えている。間違った考えは正しい知識によって修正される。

現状でも、細々とではあるが、アルコール講座は開かれている。しかし、既存のものは、医学的モデルを確立し、そこから社会的モデルを望見するという視点ではまったく弱い。社会的モデルとは、アルコール依存症を社会全体の問題として捉え、断酒しなければならないことが社会的不利にならないように社会が断酒人を支えることをさす。

次に社会的スティグマを打破していく知識的フレームを示す。同和地区の起こりについて異民族起源説・宗教起源説・職業起源説が誤りであること示したのは正しい知識であったように、アルコール依存症を正しく知らせるためにも知識的枠組みが必要だと考えている。その趣旨から下記の通りアルコール講座の内容を示す。これを基準にして、高校の「保健」授業、短大・大学の教養科目、官公庁・企業の研修、市民による市民むけ酒害啓発セミナーなどを実施するのがふさわしいと思っている。

［アルコール講座］

・アルコールに関する歴史的事実―人類と酒―
・アルコールの吸収、代謝、排泄
・アルコールの薬理学
・アルコールに関する身体疾患
・アルコールに関する精神疾患
・アルコール依存症
　①アルコール依存症の離脱症状
　②アルコール依存症の原因
　③アルコール依存症における睡眠障害と抑うつ状態

④アルコール依存症における社会的障害
⑤摂食障害を合併するアルコール依存症
・アルコール依存症の治療
・アルコールに関する社会学
①飲酒習慣と死亡率
②未成年者の飲酒行動
③女性の飲酒行動
④高齢者の飲酒行動
⑤アルコールと家族問題
⑥アルコール依存症における夫婦関係とその治療
⑦アルコールと犯罪
⑧セルフヘルプ・グループ

というものである。20～30年まえと比べると、医学的理解や病気知識は普及しているが、まだまだきわめて不十分である。

一般社会と断酒会における友好関係を構築するために取組まねばならないことの3つ目は、アルコール依存症を含めたアルコール関連問題を減らす政策を採用するということである。アルコール関連問題とは、1979年にWHO総会が提出した概念であって、アルコール依存症を中核にした、疾病、事故、職場、家庭などの問題を総合化したものである。

1国において、国民1人当たりの酒類の年間消費量とアルコール関連問題の発生には高い相関関係があることが明らかになっている。[85] つまり、多く飲む国では多くのアルコールがらみの病気や問題が生じ、少なければ少ないというわけである。

右のような認識に立って、国民1人当たりのアルコールの年間消費量を削減する政策が、欧米では今日、普通に実施されているわけである。アルコール関連問題が減少していく状況を背景にしてこそ、偏見も緩和される。

WHO総会は、1979年、加盟国に対して「アルコール消費量の削減に向かって、あらゆる適切な措置を採るように」と要請したが、[86] 日本政府は一貫してこれを採用せずに現在まできているのである。また、WHO総会は、2010年5月、「アルコールの有害な使用を減らす世界戦略」を採択し、加盟国に対して酒類の価格・小売・広告などにおける規制化を加盟国に要請した。この指針は、加盟国を拘束する条約と異なって強制力をもたず、それぞれの国の自主性に任されているが、日本政府はどう対応するのだろうか。

現行の日本の酒価は、原価、メーカーの利益、販売業者の利益、酒税で構成されているが、酒類消費量を減らすためには、私は酒価に健康を維持・増進させ、またアルコール関連問題を減らす費用としての「公衆衛生的コスト」を加えるのが非常に有効だと思っている。これは酒税とは別の税である。徴収したコストは全額アルコール問題対策に回せばよい。

アルコールに関する施策は多岐にわたるが、厚生労働省、国税庁、経済産業省によって「縦割り行政」が行われている現状を改め、また、国会決議の重みを与えるために、私はＷＨＯの「世界戦略」に対応する「アルコール基本法」を制定・施行するべきだと考えている。アルコール消費量を減らす政策を採るということは、生命と健康を重視する社会へと転換することであるから、それらを大切にしている断酒会・ＡＡが注目を集め、入会者が急増するはずである。そして、断酒会やＡＡの拡大によって偏見が緩和されるだろう。

一般社会と断酒会における友好関係の構築にとって有効な手立ての4つ目は、アルコール依存症の社会的モデルを創りだすことだと思う。私は、医学的モデルを推奨したのだが、確かに20世紀のアメリカを先頭にして、医学的モデルは確立したが、それだけでは不十分であると思う。なぜならば、現実のアルコール関連問題は、道徳的モデルでも医学的モデルでも片付かず、アルコール関連問題という概念が社会的モデルであるように問題解決にむかって社会的に対応していくことこそが有効であると考えるのである。例えば、未成年者飲酒、アルコールがらみの自・他殺、飲酒運転、家庭騒擾などの個別事象は右の両モデルでは処置しがたく、それらを社会的モデルで捉えることが必要であるし、生産的でもあるだろう。

そこで、医学的モデルを止揚する方法の1つとして、社会的モデルにのっとって、アルコールに損失をもつ個人を社会的に支援することで、健常者と同等な社会的存在に高めていく。

私たちが断酒会員を対象にしたアンケート調査を実施したところ、断酒会とは別の援助を求める人が63・55％に達していた。アルコール依存症は断酒会のみで対応できると考えるのが医学的モデルなのである。それに対して、断酒会だけでは不十分と捉え、辛いことの相談、断酒に関する助言、求職支援、友達づくり、昼間の交流、経済的困窮などに対処していくのが社会的モデルなのである。アルコール依存やアルコール問題を個人の問題であるというふうに矮小化するのがわが国の悪しき伝統だが、それらは社会全体の問題として捉えなおし、社会全体で解決していくべきなのである。

断酒会員がアルコール依存症にまつわる偏見に立ち向かい、一般社会と断酒会が友好な関係で結ばれることを欲するのなら、それに対する前提条件があるはずだ。従来の報告では、アルコール依存症の短期予後について、追跡期間2年3カ月で断酒率32・4％、追跡期間3年で断酒率27・9％、追跡期間5年で断酒率22・8％ということである。(87) 昔も今も、アルコール医療機関では、「断酒しつづけられるものは初診患者の100人のうちの1人」といわれているし、断酒会でも「長期の断酒継続は、ラクダが針の穴をくぐるほど困難なことだ」と評されている。

以下、偏見に対応する断酒会員のあるべき前提的姿勢を書く。飲酒する断酒会員が偏見の除去を訴えても、耳を傾けるものがいるだろうか。アルコール依存症のものは、断酒を継続してこそ、初めて人間としての最低条件が整うのである。偏見除去を訴えるとき、「つまらない自分が社会の一員に加えていただきたく願っている」と本心から述べられるのでなければ、偏見に向き合う生活など送れないだろう。仕事に精励し（無職でも本務があるので、そのときは本務に精励し）、よき家庭人（単身者でも隣人がいるだろうから、その場合はよき隣人）になるように努めたい。

断酒会員は偏見に負けることが多い。実例を述べる。私の所属している支部に40代の男性が入会してきた。1カ月ほど経ったとき、その男性が例会で顔をゆがめ苦しみを訴えた。職場の同僚が入院歴を嘲笑し、アル中と面罵し、それらが非常な苦しみになっている、と。

断酒会員が偏見に屈服することなく立ち直るためには、うちにこもるのをやめて、例会や研修会などへの出席回数を増やすことが欠かせない。そこには助け合う仲間が大勢いるのだから。また、断酒会員であることを表に出して、できればすばらしい会であると揚言して、地元の祭りや自治会活動、あるいは飲酒運転追放パレードなどに進んで参加することも必要である。その屈託のない素顔を一般市民に知ってもらえば、偏見を緩和する力になるだろう。

以上の記述は、会員が偏見に向きあうときの前提的な姿勢である。

以下が本章の結論である。偏見の除去に必要なことは、未治療のアルコール依存症者に対する治療の推進である。またアルコール依存症の病気知識を普及させることである。しかし、医学的モデルにも限界があるので、それを止揚する方法として、社会的モデルに立脚して、アルコールに損失をもつ個人を社会的に支援することを通して、そのものを健常者と同等な社会的存在に高めていくべきなのである。さらに、アルコール関連問題を減らす政策（たとえば、国民1人当たりのアルコールの消費量を削減する施策）の採用も欠かせない。

【註】

(66) 清水新二『アルコール関連問題の社会病理学的研究　文化・臨床・政策』、80頁。
(67) P・コンラッド、J・W・シュナイダー、進藤雄三監訳、杉田聡・近藤正英訳『逸脱の医療化　悪から病へ』ミネルヴァ書房、2003年、81―125頁。
(68) Nick Heather and Ian Robertson, op. cit., pp. 19-22.
(69) E. M. Jellinek, op. cit., pp. 50-96.
(70) 野口、前掲書、35頁。
(71) P・コンラッド、J・W・シュナイダー、前掲書、197―202頁。
(72) 信田さよ子『依存症』文芸春秋、2002年、21頁。
(73) 日本臨牀、第55巻・1997年。
(74) 中本、前掲書、42―50頁。
(75) 中本新一『アルコール依存社会　アダルト・チルドレン論を超えて』朱鷺書房、2004年、89頁。
(76) 加藤百一『日本の酒5000年』技報堂出版、1987年、134―144頁。中世の寺院が醸造していた酒。
(77) 重盛憲司・小宮山徳太郎・アルコール健康医学協会監修『お酒と健康』キリンビール株式会社、31頁。
(78) 中本新一『脱「アルコール依存社会」をめざして　日本のアルコール政策への提言』、54―59頁。
(79) 原田勝二「遺伝子型とアルコールに対する強さの関係」(重盛憲司・小宮山徳太郎・アルコール健康医学

協会監修『お酒と健康』キリンビール株式会社、1997年)、9頁。

(80) 上島弘嗣・三河一夫・朝倉新太郎「アルコール摂取量の国際比較—日本男子のアルコール摂取量は他の工業国より少ないか」(日本アルコール医学会『アルコール研究と薬物依存』、第19巻第4号、1984年)、252—253頁。

(81) 清水、『アルコール関連問題の社会病理学的研究』、57頁。

(82) 小林秀雄「罪と罰」(筑摩書房　筑摩現代文学大系『小林秀雄集』、1975年)、130頁。

(83) 藤里晃『部落史・部落問題学習のすすめかた』解放出版社、1992年、18—19頁。

(84) ASK(アルコール薬物問題全国市民協会)『まるごと改訂版　アディクション』アスク・ヒューマン・ケア、2002年、144—401頁。

(85) 清水、前掲書、105頁。

(86) 中本、前掲書、122頁。

(87) 今道裕之『こころをはぐくむ　アルコール依存症と自助グループのちから』東峰出版、2005年、190頁。

第5章　家族が心得ておくべきこと

夫や息子が過剰飲酒して問題を起こしている家庭はどこにでもあるが、私は、アルコール依存症が疑われる人がアルコール医療機関で必要な治療を受け、その後、断酒会やＡＡにつながって長く酒をやめていってもらいたいと強く念願している。そうであるために家族はどう変わらねばならないのか、今までどんな間違いをしてきたかを具体的に明らかにすることが欠かせない。

本章では具体的にアルコール依存症に苦しむ家庭における妻あるいは母親の姿や特徴を述べ、次にアルコール依存症者に対する家族側の誤まった考え方を摘出し、あわせてアルコール依存症という病気を悪化させる誤まった対応をあぶりだしていく。

第1節　多くの酒害家庭を見た

私は断酒会に入会してもそのことを隠し、お忍びで例会に通っていたものである。そのため、惨めなうしろめたい気持ちであった。しかし、多くの記念大会や研修会、断酒学校に参加し、数多くの体験談を聞き、医師やソーシャルワーカー、あるいは自治体の議員、保健所酒害相談員の講演に耳を傾けて、アルコール依存症に対する世間の偏見と同質のものをもつ必要はないと考えるに至った。それは酒をやめて半年ぐらい経ったころである。そして、「毎日夕方からどこへ行くのですか」と不審に思われたり、酒を勧められたとき、いつも「アルコール依存症にかかったので、断酒会に所属して酒をやめています」と言うようになった。職場、地域、友人関係、親戚……どこでもいつでもそう言う癖がついたのである。

そのうち相談に乗ってほしいという地域の人々が現れたが、これは断酒会員にはめずらしいことではあるまい。私は他の会員と、あるいは妻と酒害相談に応じた。酒害者の奥さんがたは疲れ切り、当事者能力を失いかけていた。酒害者に兄弟姉妹や親戚があっても、絶縁状態に近いことが多く、多くの場合、酒害者とその奥さんは地域社会ですっかり孤立しているのであった。

あとで知ったことだが、一般的に地域の民生委員はアルコール問題に疎かったり、無関心であることが多い。したがって、身内や近隣の援助は期待できないありさまである。その家の子どもたちは、酒害者を汚いもののように避けたり、無視したり、また、「おっさん」呼ばわりしていることが多かった。飲んでいる最中の家庭では、酒害者が子どもたちから「お父さん」と呼ばれているのを聞いたことがない。

私の職場といえば高校であるが、私には授業中に脱線する癖があり、ぽつり、「アルコール依存症になったので、断酒会につながって酒をやめている」と打ち明けるのであった。さらにこういうのがアルコール依存症だと前置きしてからいくつかの症例を話すのである。学級通信にも書いて、最寄の病院や専門外来機関の名を載せたことがある。脱線して漏らすのは学級担任をしているクラスだけでなく、授業に行っているクラスでもそうであった。年間通して4〜8クラスで授業するわけだから、また、それを30年近くやってきたわけだから、私が断酒会員であること、また、一滴も飲まずにがんばっていることなどを聞いた生徒は膨大な人数になるはずである。

学校行事には3者懇談会や父母懇談会が組込まれているのが普通であるが、よそのクラスのお母さんが私の懇談中の教室に酒害相談に来ることが何度もあったし、自分のクラスの母親から夫（生徒の父）の問題飲酒の相談を受け、学習成績や学校での子ども（生徒）の様子や、進路問題はそっちのけで、もっぱらアルコール依存症ないし断酒会について質疑応答したことも何回もある。

父親が問題飲酒をしている家庭では、やはり子ども（生徒）がいじけているし、生活規律ができていない。雄々しく進路を切り拓いていく姿勢がないし、就職や進学の話をポカンと聞いているし、夜の盛り場で飲酒・喫煙中を補導されたり、バイクを無免許運転したり、何より遅刻・欠席がやたらと多いのである。父親がアルコール依存症の疑われるような大酒飲みである場合、逆に息詰まるほど品行方正な子どもになっていることも少なくない。彼らは教室のなかでクラスメイトが避けるようなしんどい役目にすすんで就き、ハンディをもつ友人を支えるのである。しかも成績優秀で、一流大学に進める学力を有しているのに、高卒で就職していき、父や母を支えるのであった。無駄口はいっさい話さず、友人が少なく、いるのかいないのかわからないほど静かで、3年間、遅刻や欠席をせず皆勤で卒業していくタイプの子どももいる。

断酒会に通いだした人々の相談にも乗ってきた。奥さんだけが断酒会に通い、旦那さんは家にいて飲んでいて、私たち夫婦が相談に乗ったケースが多い。断酒会に入会したが、数年経っても酒をやめられず、職場ではどんどん追い詰められていく家庭の相談要望も多い。断酒会に通っている家庭というのは、問題が難しいことが多い。しかし、まず、本人が断酒さえすれば、家庭問題や職業問題の基礎部分が解決するはずであるのに酒をやめず、奥さんの対応もまずい場合が多かった。1度だけで解決というかのぞましい方向に行ったケースというのはマレであり、3度、4度と相談に乗り、10年間を超える場合もあった。

酒害相談は、20～30年まえと比べると激減している。今日、以前よりも病気知識が向上し、保健所が積極的に相談に応じているだけでなく、専門の病院も相談業務を充実させていて、酒害家庭が直接そうした機関に悩みを訴えるからだろう。相談に乗った家庭の夫婦が元気になって例会出席に励んでいるのを見ると、非常にうれしくなる。

第2節　酒害家族のタイプ

多くの奥さんがたを見てきて、いくつかのタイプがあることに気づいた。ご主人が逸脱した飲酒に陥ってから何十年も経つだろうと思われる家庭の奥さんは、おしなべて反応が非常に乏しい。生気というものがない。聞きとり難い小さな声で話す。表情も乏しい。能面をつけているかのように喜怒哀楽を示さない人もいる。第1人称を示さず、主語がないまま話す。優柔不断というか決断を避けているような印象を与える。私は外国の文献で、アルコール依存症者を夫にもつ妻の状態を調査した資料を読んだことがあるが、それによれば、神経症的、心身症的、自律神経失調症的な妻がそれぞれ8割ほどであるということであった。夫が何十年もアルコール依存症で、妻として多種多様で深刻な飲酒問題に振り回されていると、病気にもなると思われる。そして、こういう奥さんでは夫とともにすばやく断酒に立ちあがるのは困難だろうと思われる。このように長年の疲労困憊タイプの夫人がいる。

旦那さんが酒害を呈していても、むろん心を痛めたり悩んでいたりしているのだが、自分というもの、自分の世界を大切にされている奥さんがいる。離脱症状が出現したり、連続飲酒したりの旦那さんを横に置いておいて、郊外に絵を描きに行ったり、教会に通われる。しかし、酒害がかなり進んだ夫に冷たかったり薄情であったりするわけではない。水を欲しがれば、コップに清潔な水を入れてさしだし、寒がればと厚手のセーターを引っぱりだすなど甲斐甲斐しく世話を焼かれる。旦那さんに代わって診断書を遠方の職場にもっていかれる一面もある。

しかし、夫の酒害に悩み、苦しむ自分の内心は、家庭外のやさしいもの、おごそかなもの、美しいものによってのみ慰められ、自分にはその資格も権利もあって、誰にも妨げられるものではないと信じているようである。疲労困憊タイプの奥さんが化粧もせず、家中も散らかっていることが多いこととは異なって、通された応接室に酒瓶が転がっていても、全体的には整頓されている。こういう奥さんなら、一度、専門病院やセルフヘルプ・グループに出会えば、急速に病気知識や対処法を身につけると思われるのであった。このような奥さんは、今日増えつつある個人主義的タイプといえるだろう。

暴言・暴力がまったくない旦那さんがいる一方で、暴力をひどく振るわれる旦那さんが存在する。例会で当事者や妻によって語られるよりも、実際は多くの夫が暴言・暴力を行使していると考えられる。しかし、年に1回、ひどいことを妻に言ったり、3、4年に1度ぐらい殴ったりするレベルではなく、夫が日常的に血相を変えてすさまじく怒り、激しく暴力を振るう家庭がある。そういう家庭では奥さんがおびえて、旦那さんの顔色ばかりうかがっている。はっきり意思表示するのが怖いのだ。そして、酒害者の言いなりになって酒をだしたり、酒を買いに走ったり、お金を工面したりしている。旦那さんが酒を断てば、酒が攻撃性の原因である以上、右の家庭も明るくなると思われるのであった。これは、恫喝に屈しているタイプといえる。

女性の社会的進出がめざましいが、それでも家庭では夫が主、妻が従という関係が多いはずだ。母や祖母の代から能力があるのに、控えにまわることを与儀なくされてきた歴史から、奥さんというものは愚痴や不満が多い。しかし、会った直後から、旦那さんをこっぴどく非難し、家庭の現状に大きな不満を示され、延々と愚痴を口にされつづけられる奥さんが存在する。

解決のために、1度、専門病院を1人でも相談がてらに受診されたらいかがでしょうか、と示唆しても行動せず、何回会っても旦那さんについて愚痴を語りつづける。夫が飲んではいけない飲み方をくり返し、失態も重ね、収入も減らしているとあっては、愚痴も不満もでるのは当然であろうが、しかし、酒害家庭には許容されるレベルを超えた奥さんも少なくない。こういう夫人と長年接していれば、私は夫が飲酒するのも無理がないと思われてくる。これは愚痴中心タイプである。

奥さんがたは、普通、旦那さんに対して世話焼きというか構いすぎる傾向があると思う。酒害家庭で旦那さんに面している間、横から奥さんがこまごましたことで口を挟まれる。和室に通されると、旦那さんがすでに座っているのに、旦那さんに上座はいけないと言って退かせる。しばらくしてから、奥さんがお茶を運んできた。私たち夫婦より先に旦那さんが湯呑に口をつけようとしたら、制止する。それが小学校の女の先生が、小1児童に言うような説教的な口のきき方なのだ。旦那さんが胡坐をかいているのに気がついたとき、「正座にしなさい、最初だけでも」と目をきっと見据えておっしゃるのである。夫婦というより母親と少しだらしない息子という関係にみえる。腹が減っていたらしいご主人が、お菓子に次々と手をだされると、その手を奥さんが払いのける。

相談の甲斐があってクリニックに通院されだすと、奥さんは旦那さんがもらって帰ってきた抗酒剤(88)を無理やり飲ませる。抗酒剤などできるだけ本人の意思が尊重されなければならないのだが、奥さんは夫の自由な意思などまどろっこしいようだ。例会にも夫婦にでるようになると、夫の体験談を衆人環視のなかで批判したりする。夫婦がお互いの体験談について少し批判しあうこともあるのが普通であるが、その場合、会員や家族がいない帰りの車のなかなどで話すものだろうと思う。こういう世話焼きのレベルを超えた、コントロール欲求の強いタイプがある。

コントロール欲求の強いタイプとはまったく逆にほったらかしの奥さんも存在する。個人主義を信奉しているとかの次元ではなく、夫の身辺を構わない夫人は、日頃から衣類などを夫に任せきっている。土日には旦那さんが飲酒の合間に洗濯し、干し、取り込み、肌着、下着、ストッキング、ハンカチなどを区分けして引出にしまい込んでいる。衣類だけなく、祝い袋、電池、電球、ハサミ、糸、便箋……と生活に必要な小物の管理を過剰飲酒する夫に任せた奥さんはいたってのんびり暮らしている。このような夫人は、彫の深い感情ではなく、性格的には淡泊でおとなしい。夫のアルコール依存症が進行しつつあっても酒癖が悪い程度にしか考えない。したがって、治療に入る前後から配偶者の理解と協力が欠かせないアルコール依存症では、多くを期待できないのかもしれない。こういうほったらかしタイプも確実に少数存在するのだ。

1人で何もかもやってしまい、それらがすべて合格点に達している奥さんがいる。姑と円満な関係を築きつつわが子には賢い母親の役目を果たし、しかも正社員として働いているのである。健康な夫でも世話がかかるのに、アルコール依存症なのだから相当大変だろうと思われるが、そういう奥さんがたはたいがい血色のいい顔にいつも明るい微笑を浮かべている。肝っ玉が据わっているのである。こういう夫人は子ども時代から、口八丁・手八丁で活発で、行動的であったらしい。性格が安定し、人間的に成熟しているためか、夫が逸脱した飲酒をしていても、夜、寝床に入るとすぐ眠れるし、たっぷり睡眠時間をとる。朝の食事量も多い。一方の旦那さんは職場での対人接触が苦手で不満も多く、行動的ではなく、いつも胃腸薬は手放せず、夜もなかなか眠れない。このタイプの奥さんが家族のためを思って奮闘すれば奮闘するほど、「誰でもやればできる」というメッセージになってしまい、それが旦那さんに劣等感や敗北感をもたらす。このように酒害家庭にはしっかりものタイプの奥さんがいる。

長年にわたる夫の過剰飲酒と問題行動に神経をすり減らし、すべての対応策が失敗に帰し、今や身だしなみも化粧も忘れ、偏狭な神信心にすがりついている奥さんがいる。宗教というものの枠外にあるような邪教を信仰し、たとえば法外な値段で買わされた数珠を首に巻きつけ、護摩を焚いたとき、霊がみえるなどと信じている。日常的に話の内容に論理がなく、やたらと感情的で、無力感にとらわれ、陰気な表情で、引っ込み思案で隣近所や知人がすべて不幸になることを願って暮らしている。こうした家庭では旦那さんは思うままに浴びるように飲酒する。いわば神信心すがりつきタイプである。

もう夫に期待するものは何もない。「こんな女に誰がした？」と被害者意識まるだしで暮らしている。夫と1つ屋根で暮らしているかぎりいいことはやってこない。あの男を殺したい。八つ裂きにしたい。憎くて憎くて、はらわたが煮え返えってくる。私の大切な人生を壊したのはあの男だ。別れるしか解決法がないと信じている、というような離婚志向タイプの奥さんが多い。

第3節　アルコール依存症の基礎部分

アルコール依存症はマイホームに似て、住居部分と基礎工事部分に分かれる。アルコール依存症の基礎部分というのは、過剰に飲酒することを可能にしている人々をさす。それがあるので、飲みに飲むわけである。基礎部分がなければ、大方の酒害者は酒害者にならなかったと思われる。一丁前のアルコール依存症者には飲んでいられる状況を生みだす、あるいは、飲むように導く人がかならずいるのである。例会で体験談を聞いていると、それが妻（あるいは夫）であったり、親であったり、兄・姉であったり、伯父・伯母であったりするのがよく理解できる。つまり、アルコール依存症者には精神的に依存していられる人がかならず存在するのだ。だから、安心し、依存し、甘え、支えてもらって飲むのだ。

この世にまったく頼れる人、甘えられる人、支援してくれる人がたったの1人もいなければ、また、家計のほうもまったく赤貧という状態であれば、気楽に飲酒などにふけることをつづけることはできないだろう。酒害者というのはアルコールに依存するまえに対人依存症なのである。

右に書いた妻（あるいは夫）、親、兄・姉、伯父・伯母などが、その人（後年、アルコール依存症になる人）が飲酒をつづけることのできる環境をこしらえているのである。あるいは、その人が絶えず飲むように導いていく。妻（または夫）、親、兄・姉、伯父・伯母などは、その人物に対して、非常に病的なまでに面倒見がいいのだ。面倒を見ないと落ち着けず、そわそわと不安になってくるほど飲酒する人にのめり込むのである。酒害者がアルコールにとらわれのめり込むように、妻、親など周囲にいる人の誰かが酒害者に対する面倒見にのめり込むのである。

私の友人に酒をやめて18年ほどになる男性がいるが、彼は子ども時代に父を亡くし、ついで母を亡くしていた。歳の離れた兄が、弟（私の友人）を不憫に思い、ずっと支援しつづけ、断酒会に入会するまで援助があったそうである。その弟が学校に通っている間は教科書、文房具を買い与え、就職するときに会社を探してあげ、独立する段にもなにやかやと資金援助し、得意先までみつけてくれたらしい。歳の離れた兄も、日常的な不満や心配事をまぎらわせるために弟の面倒を見ていたそうである。

もう1人の友人も父を早くなくしたが、代わって祖父と実母ががんばって支えていたそうだ。祖父は孫

（私の友人）のために家を新築してやり、実母はすばらしい嫁を探しだした。こうして、私の友人はいい妻（嫁）に恵まれた。友人は荒々しく働くというよりも、趣味的なことに生きがいを見つける物静かな男性になる。実母は自分のことはいい加減にうっちゃらかしておいて、過剰飲酒する息子にのめり込んでいた。友人によれば、母親は世話を焼いても効果がないことを悟っているのに、世話焼きをやめることができないのだったということだ。ここの母親も例会で語ったが、「息子のために」と信じて面倒を見ていたが、それはすべて自分のためだった、自分の心配事や不満を鎮めるために面倒見に明け暮れていたというのだった。

2人の友人は後顧の憂いがない状態で、ただ飲んでいればいいだけである。両親を亡くしていた友人は、「困ったことになった」といえば、歳の離れた兄が援助にきてくれる。もう1人の友人も、「苦しい」と叫べば母親と妻が助けてくれるという塩梅だったのである。

世話を焼かれる人と世話を焼く人との関係が強迫的になった環境から、具体的にアルコール依存症者が生みだされるのである。病的に世話を焼く人が身近にいるものだから、当事者の問題飲酒がつづく。

マイホームの住居部分がアルコール依存症の本体であって、この病気にかかると飲むことを中心に据える。アルコール依存症それ自体のメカニズムを維持するために、最低1日に4合ほどのアルコールが必要であるが、実際はもっと飲むものが多い。

アルコール医療のなかでも飛びきりの名医だと尊敬されている猪野亜朗は、『あなたが変わる　家族が変わる』という本のなかで、「なぜ飲みつづけるのか」という問いを掲げ、それに答える形で、アルコール依存症者が飲みつづける理由を説明している。(89) それを猪野は6点あげているが、そのうち最初の3点の要点をこの稿に引用したい。①アルコール依存症の症状の1つである強迫的な飲酒欲求のため、酒のことが頭から離れないために飲む、②体内からアルコールが抜けると、抑うつ感や不安があらわれるので、それを抑えるために飲む、③飲酒をやめたら吐き気、脂汗、ふるえ、幻覚などの離脱症状があらわれるので、苦しさを予防するため、飲まずにいられなくなる、と書いている。私は、②が精神依存レベルの軽い離脱症状、③が身体依存レベルの重い離脱症状であると思っている。

猪野の学説からもわかるように、酒害者が酒を飲むのはアルコール依存症に罹患しているからである。だから、飲みに飲むのだ。多くの場合、好きで飲んでいるというようなことはなく、飲まずにいられないから、また、苦しいから飲むのである。

くどいようだが、アルコール依存症者が酒を飲むのはアルコール依存症という病気にかかっているからだ。アルコール依存症者が飲むのはその病気のためであるが、飲む原因はそれだけであろうか。酒害者の近くに、当人にとって飲んでいられる状況を生みだす人、あるいは、飲むように導く人がいるからでもある。つまり、マイホームにたとえると、住居部分が病気になり、そこから必然的に飲む領域と、基礎部分、すなわち、当人の周辺で飲ませる人がいるので飲む領域とがあるのである。

アルコール依存症は医療機関で治療し、その後、断酒会やＡＡのようなセルフヘルプ・グループにつながれば、そこにおける活動に参加しつづけることで、長い年月を経て治すことができる。

軽い離脱症状しか経験していない人、およびはっきりした離脱症状を経験していない人は、医療を受けずに家庭から直接断酒会に入会しても十分対応できる。近年は軽い症状の人々の間で、自分からすすんで専門医療機関を受診する人があらわれている。以前なら考えられないことである。しかし、現在でもアルコール依存症が疑われる人々、逸脱した飲酒をつづける人々、飲酒による合併症がでている人々、過剰飲酒にふける人々のなかでアルコール医療機関を受診することを頑として拒む人が多い。

アルコール依存症が疑われる人の近くでは、その人のために大勢の人々が悩み、苦しんでいる。周辺の人々は、そんなに大量飲酒していると家庭が目茶苦茶になり、経済的に破たんし、何より当人が死んでしまうと心配しているのだが、当事者は訴えに耳を貸さず病院に行くことを頑強に拒否する。そこで本人がすすんで病院に行こうかという気になってくれる条件を創りだす必要がでてくる。そのためには、アルコール依存症の基礎部分、つまり、当人にとって、飲んでいられる状況を生みだしている、あるいは、飲むように導いている人が良い方向へ変わることが欠かせないし、それが当人を断酒会につなげる非常に有効な方法でもあるのだ。要するに、妻（あるいは夫）、親、兄・姉、伯父・伯母、上司がアルコール問題に即して自己改革する必要があるのである。

第４節　アルコール依存症に対する誤まった考え方と酒害を悪化させる対応

専門病院長も歴任した精神科医の森岡洋に『誌上アル中教室』という名著[90]があり、私はそれを著者から署名入りで寄贈されてくり返し熟読し、今やそこに述べられた知識が血となり肉となっている。この稿では私自身の経験や断酒会で学んだことをベースにして、アルコール依存症者の家族における誤まった考え、およびアルコール依存症を悪化させる対応を書いていくが、森岡の著作からも影響を受けるだろう。

1 「アルコール依存症者は意志が弱い」という誤まった考え

森岡も誤まった考え方のトップに据えている。晩酌で2合と言いながら、3合、4合も飲む。もう酒を断つと誓っておきながら、また飲む。こういう姿を見ると、誰もが意志が弱いと判じるだろう。周囲の人々は、意志が正常であれば、酒をやめられるはずだと考える。アルコール依存症者も、禁酒の張り紙を何度も壁に貼りながら飲酒するのは、意志が弱いからだと思っている。しかし、事実は異なるのだ。アルコール依存症になると、病的に飲酒欲求が強化され、飲まずにはいられなくなるのだ。イライラ、不安、焦り、吐き気などの不快な離脱症状がでてくるので、飲むことで鎮めようとするのである。飲まないでいると苦痛が増大していく一方なので、飲んでしまう。したがって、意志の力が人並であっても、病的に大きくなった飲酒欲求を抑えることができない。

アルコール依存症者は、自販機が稼働しているうちに買いに行き、酒席でどう飲もうとか、寝酒に何を飲もうというように絶えず飲むことの算段をし、実行している面では、飲むことに関してはむしろ意志が強いとさえ言えるだろう。意志が弱いから、過剰飲酒するのではなく、アルコール依存症という病気にかかっているので、飲酒欲求が健常者には考えられないほど特別に強くなっており、意志が負けてしまうのだ。日ごろ、腹八分目をモットーにしている人でも、1食抜き、2食抜きというような空腹感が強いとき、食べ過ぎてしまう。腹八分にするという意志が負けてしまう。欲求が強すぎると、意志などの力ではどうしようもなくなってしまうのだ。

2 「アルコール依存症者は人格面がダメである」とする誤まった考え

2の表題は森岡の著書には直接的には記載されていない。酒害者は飲んでいるかぎり、孤独感と劣等感が異常に大きく、嘘つきであり、攻撃性が強く、自己肥大的であることが多い。しかし、これらは長い年月にわたって過剰飲酒してきたことの結果である。

アルコール依存症の人は人格的に問題があるとするのは間違った考え方であって、アルコールに依存するまえは健常者よりも人格面がかえって優れていた。やさしさや仕事熱心は常人の上を行く。水墨画「生々流転」などを描いた横山大観は茶碗に入れた酒を終日嘗めながら絵筆を握っていた。高度経済成長政策を引っぱっていた池田隼人も午後3時になれば執務中でも毎日水割りを飲んでいたと言われるが、大観も池田も人格面が秀逸である。

アルコール依存症が疑われる人に対して、「アル中は人格面が全然ダメだ」と指弾しているようだとその人物は決して専門病院に行かないだろう。専門病院に連れていきたい、逸脱した飲み方をするものには、「病気と人格は別のものだ」と言ってやる必要がある。確かに症状と人間性は別個のものである。

風邪をひくと、くしゃみ、鼻水、高熱、悪寒、脱力感などがでてくるが、これらは風邪をひいたことの結果であり、症状にすぎないのである。くしゃみ、鼻水、高熱、悪寒、脱力感などを病人の人格と結びつけて、「風邪をひく人は、人格面がダメだ」と非難することがないように、アルコール依存症者においても、本来的な人格までを貶さないようにして医療に連れていきたい。

アルコール依存症者が嘘をつくことが多いのは確かである。飲んでいるのに、飲んでいないと言い張るような嘘である。これもアルコール依存症を治療せずに放置してきたことの結果であり、そういう人が生まれながらにして嘘つきだというのでは絶対にない。酒害者もアルコール依存症になるまえの素顔の1つは正直さなのである。

3 「アルコール依存症者は酒好きだから飲む」という誤まった考え

飲んでいるのかと思って見ると案の定飲んでいるし、飲んではいないだろうと思って見るとやはり飲んでいる。朝、出勤まえに飲み、昼、職場でも栄養ドリンクの容器に入れたウイスキーを飲み、夕方、退社すると居酒屋に飛び込んで飲み、夜、晩酌をし、寝酒をし、寝ても朝まで持たず真夜中にも飲む。アルコール依存症が疑われる人の日常的な姿を見ていると、周囲の人々は「酒好きだからあんなに飲んでいるのサ」と思ってしまう。

しかしながら、病気になったので飲んでいるわけであって、好きだとか旨いとかで飲んでいるのではない。アルコール依存症になるまえは、好きであったり旨かったりして飲んでいたが、病気にかかってからは、飲まざるを得なくなって飲んでいるのである。現実には酒のない国に行きたいとか、酒を断たねばならないと思いながら、悩みつつ飲んでいる。

ＷＨＯのＩＣＤ―10（国際疾病分類　第10版）に6項目の診断基準が載っているが、その1つに「飲めば有害な結果が生じることを理解しながら飲む」というのがある。

明日、出張するために始発の電車に乗らねばならないという前夜、これ以上飲めば二日酔いで起きられないと知りながら杯を重ねていくしかなく、実際、翌日、猛烈な頭痛で起き上がれないようになるのである。つまり、酒に飲まれてしまう病気なのだ。

4　「適量で切りあげる飲み方をしてほしい」という誤まり

私も岳父から右のように言われることがあった。飲むまえに2合なら2合、ビール2本なら2本と決めておいて、その量を守るべしと周囲の人がよく言う。確かに普通の酒飲みは適量で切りあげ、その後、追加を欲しない。「適量で止めておけば、悪酔いも二日酔いもしないですむのに……」とは周囲の人がよく言うセリフである。家族とすれば、一杯飲みだしたら、とことん飲んで問題を起こすことが、不思議であり腹立たしくもあるのだ。しかし、適量で切りあげることができないのがアルコール依存症なのである。アルコール依存症はコントロール喪失の病気であって、ブレーキ機能が壊れている。

飲むまえに、酔い潰れないように、粗相を起こすことのないように気を使って飲みだしても、酔うほどに酔いを求める気持ちが高まり、結局、酔い潰れる。コップ一杯のビールを飲めば、泥酔するまで飲むのがアルコール依存症である。したがって、アルコール依存症者は、まったく飲まないで過ごすか、破滅的な飲酒をするかの2つの道しかない。

まったく飲まないことは最初かなり苦痛であるが、しだいに苦痛でなくなり、10年もやると全然大丈夫になり、酒を飲んでいる人を見て「この世には酒があるのか」と不思議に思うようになる。要するに、酒などなくとも生きていけるのだ。

松村語録にも、「酒害者は酒のため墓場へ行くか、断酒会で酒を断つか2つの道しかない」（第17項）、「節酒はできないが断酒はできる」（第21項）、「最初の一杯に口をつけないこと」（第27項）とある。

5 「アルコール依存症の人は酒をやめたい気持ちがない」という誤まり

アルコール依存症が疑われる人というのは、飲みたくもないのに飲み、飲まずにはいられないので飲んでいるのだが、そういう人々は酒をやめたいと念じている。なぜなら、苦しいことや恥ずかしいこと、辛いことが多く起こっているからだ。過剰飲酒が身体を損ねているという不安も強く、酒をやめたいと思っているものである。

健常者で酒を断ちたいと考えている人はたぶん1人もいない。健康な人にとって、酒をやめねばならないような問題は起きていないからだ。世間の人々は、アルコール依存症者は酒をやめる気などまったくないと考えることが普通であるが、事実は逆であり、健康な人は酒をやめたいと思っていないし、アルコール依存症者は酒を断ちたいと念じているということである。酒を断ちたいと決意しても、それだけでは決意通りにすることはできない。病的な飲酒欲求が、手を変え品を変えて襲ってくるからである。だから、アルコール医療機関で治療を受け、その後、セルフヘルプ・グループに所属しつつ、仲間と支えあってなら、長く酒を断てるのだ。

6　酒を鍵のかかる部屋に隠したりする

これから、6以降の文章でアルコール依存症を悪化させる家族の対応を述べていく。これから書くようなことを実行している酒害家庭は多いのであるが、そういうことをされると酒害者としては余計飲みたくなってくるだろう。家族にはアルコール依存症に関する知識がなく、病気を悪化させているということがわからない。これから述べることは、酒をやめてもらいたい、問題を起こす飲み方をしないでほしいと家族が大真面目に考え、酒害をなくせると思って実行していることばかりである。

まず家族は、一升瓶に水を足して清酒を薄める。大量に飲酒すれば、体を壊し毎日一升瓶を買うわけにもいかないと思って水を足す。それを夫が薄口かと思いながら隠れ飲みし、飲んだ後、飲酒が発覚しないように水を足しておく。夫が就寝した後、妻がまた水を足す。翌日、旦那さんが隠れ飲みしてみると、非常に水っぽくて飲めない。さらに家族は、一升瓶やウイスキーのボトルにマジック・インクで線を記す。線よりも下になっていたら、盗み飲みを叱りつける。水で薄めたり線を引いたりしても効果がないので、家族は酒瓶を鍵のかかる部屋に入れて隠す。そして、一定量を旦那さんに飲ませようとするのだが、飲みたらない夫は、街へ飲みにでかけるのである。このためかえって飲酒量が増大すると思われる。その他、酒店に酒を売らないように頼んだり、酒を捨てたりすることもある。

アルコール依存症は進行性の病気で、飲みつづけていると肝機能などは顕著に悪化していく。多発性神経炎の症状も現れてくる。すると家族はウイスキーや焼酎を飲んでいたのが悪かったのだ、これからビールかワインだけにしようと思うようになる。しかし、酒精濃度が低いアルコールでも酔い潰れるまで飲むわけだから、結局、同じことになってくる。そこで家族の主導で、12時過ぎまで飲んでいたから体に悪かったのだ、これからは午後9時までに飲み終わろうと考える。

飲酒に問題が現れるのはアルコール依存症に罹患しているからであり、アルコール依存症を治療し、セルフヘルプ・グループに所属して断酒を継続しないかぎり、瓶に線引きしたり水を足したり隠したりしても、何の解決にもならないのである。

7　酒害者に説教して治そうとする

瓶に線を入れても、水を足しても、効果がなかった。隠しても効果がない。飲む酒の種類を変えても、飲む時刻を変えても効果がない。そこで、家族は問題行動の1つ1つについて厳しく説教するようになる。叱ったり、責めたり、説教すれば、本人が反省して酒をやめるに違いないと思っている。家族が泣いて喚けば本人が真面目になるはずだと捉えているのである。しかし、叱ったり説教して酒がやめられるのなら、アルコール医療機関は不必要であるし、断酒会のほうも要らない。根本的な問題は、飲酒者がアルコール依存症であるという1点にあるのだから、時間があるのなら、専門機関に相談に行ったほうがよい。

酒害者は叱ったり責め立てられると鬱陶しくなり、かえって飲酒量が増えて病気が進むはずである。

8　内科にかかって治そうとする

叱っても説教しても責めても酒がやめられない。泣いたり喚いたりしてもアルコール依存症者は酒を飲んでいる。アルコール依存症で進行しないケースも少数あるが、大半は進行し、確実に心身が壊れてくる。そこで神さん（拝み屋）に拝んでもらう。一種のシャーマニズムであって、拝み屋は、夫の過剰飲酒や問題を起こす酒の原因は鬼門の方角の柱に釘が打たれているからだと言う。ひょっとしたら治るかもしれないという期待をもって、断食道場に送りだす。旦那寺の住職に打ち明けて、お百度参りをするように言われる。

離脱症状が出現している段になってから、内科病院に入院させて、これで酒をやめてくれるはずだと期待する。アルコール依存症を強く疑われる家庭で、柱の釘を抜いたり、絶食療法をやってみたり、お寺へ100回も参拝したりの回り道をするのである。

内科にはアルコール依存症を回復させる治療プログラムがないので、入院しても断酒が継続するはずがない。内科病院はアルコール依存症者が退院するとき、「今後、酒は、ビール1本にするように」と指導することが多い。1滴の酒を飲んでもいけないのがアルコール依存症なのにである。この世にはアルコール医療機関があって親身に悩みを聞いてくれる医師がいるという事実を知っても、夫を何回も内科病院に入院させる家族が少なくないのである。

アルコール依存症はアルコール医療機関の専門家にゆだねるべきだ（初期であれば断酒会単独でも対応できる）。アルコール依存症者を治療し、受取る治療費で生活している専門家に賭けてみるべきだ。専門医療で治療し、断酒会活動に打ち込めば大概のアルコール依存症は治せるのである。

3年ほどまえ、デンマークの製薬会社が、アルコール依存症者の飲酒欲求を抑える世界初の薬＝「ナルメフェン」を開発した。欧米ではすでに普通に病院で使われており、アジアでは韓国でも臨床に用いられている。わが国でも現在、拠点的なアルコール医療機関で試験的に薬効が調べられていて、早ければ2012年にも承認されそうだということだ。

従来の治療プログラムでは、生涯にわたる断酒が不可欠であったが、対照的に「ナルメフェン」は飲酒をやめることではなく、依存症者のアルコール摂取量を減らすことを目的に開発されたものである。

しかし、アルコール依存症のレベルに達している人には水際立ったというほどの効果は期待できず、むしろ健常者における過剰飲酒の予防に薬効があるのではないかと論じられている。既存のアルコール医療機関がこの薬を生涯断酒の補助剤にすることは間違いないように思う。要するに、アルコール依存症になってから生き延びようと思うならば、酒を断ちつづけることが唯一の方法であり、酒を断ちつづけることに唯一有効なのがセルフヘルプ・グループなのである。

9 「離婚する」と脅して治そうとする

いよいよ酒害が高じてくると、妻は実家へ帰ったりするようになってくる。最初は親の顔を見る程度で日帰りである。それが2日、3日帰らなくなってくる。こういうことを背景にして、「家をでていく」と大量飲酒の翌日に言ったりする。しかし、小さくでていくが、大きくでることはしない。最初、心配していた夫も足元を見たつもりになって、平気で飲む。それで、妻は「酒をやめないのなら離婚する」と脅す。脅した日に、家電の量販店から長く使える器具、たとえばアイロンを買って帰る。長く使用できる電気器具を買ってくるのだから離婚なんて嘘、単なる脅しだと夫は受けとめる。そして平然と飲みつづけるのである。「離婚する」「離婚する」と簡単に実行できない、本心から願っているわけではないことを言いつづけるものだから夫は恐ろしくないのである。この期間にもアルコール依存症がいやというほど進行していく。

酒害家庭で脅したいような切羽つまった気持ちは理解できるが、アルコール依存症を本当に治そうとするのなら、実行することだけを口にする必要がある。

第5節　ここというときに治療を勧める

アルコール依存症は非常に厄介な病気であり、依存症になって最初に壊れるのが感性である。感じるという部分に機能不全が現れる。感じなかったり、感じても歪んで感じる。

感じるという機能が健康であってこそ、人間らしく生きていけるのだ。感じるという部分が機能不全に陥ると、だんだん幼児化していく。そして最後にまるで赤ん坊になってしまう。酒を飲みつづけるアルコール依存症者には幼児化した人があふれている。こういう人は、二日酔いで仕事を休んだり、大事な約束を守れなかったことがいけないことだとわからない。酒を飲んで尿失禁したり、暴力を振るったりすることが恥ずかしいことだということがわからない。また、アルコール依存症は、偏見または社会的スティグマの病気である。飲んでいるアルコール依存症者は、大なり小なり偏見の対象になっている。

アルコール依存症者なら冷笑されたり、蔑視されたり、嘲弄された経験がある。偏見あるいは社会的スティグマの対象になったことがいっそう飲酒量を増大させ、アルコール依存症を進行させる。つまり、自分の内心に閉じこもる傾向に拍車をかける。集団から孤立した人間にしていく。

さらにアルコール依存症は、他者を巻きこむ病気である。ガンは悲惨な病気であるが、ほとんど他者を巻きこまない。そういう点で、アルコール依存症はガン以上に悲惨で恐ろしい病気である。周囲の人々、特に妻を精神的な病人にしてしまう。

古い作品を持ちだして恐縮だが、ドストエフスキー『罪と罰』にマルメラードフという9等官（帝政ロシアにおける最末端の官職）が登場する。このマルメラードフがひどいアルコール中毒で、夫人の指輪やネックレスも飲んでしまう。髪をふり乱し、化粧を忘れた夫人は四六時中、泣き、喚き、ヒステリックに夫を責めている。ソーニャという娘も常軌を逸しており、夜、ネバ川の畔に立って道行く男を待つ仕事をしている。こういうように、アルコール中毒者は近くにいる人を狂わせていくのである。

アルコール依存症の場合、それを疑われる人が自分から進んでアルコール医療機関を受診することがほとんどない。身体の病気であれば自分の意志で進んで病院に行くが、アルコール依存症者にはそういうことはまずない。相当進行していても、「アル中じゃない」と主張するし、それ以上を言うと、「おまえ、勝手に病院に行ってこい」と受診を頑なに拒む。

私は飲酒中には行ったことがなかった保健所へ、断酒してから時々訪問し、酒害相談をされている職員の方から苦労話を伺っている。アルコール依存症者の妻はたいがい、疲れきっていて当事者能力が欠けていることが多いという。兄弟や親戚もあるにはあるが、絶縁に近い状態であることが多い。そういう状況のなかで本人は、飲みに飲んでいて、自分から進んで病院に行こうという気はさらさらないのである。

疲労困憊していても、アルコール依存症者の近くにいるという点で家族、特に妻が動かざるを得ない。そして、アルコール依存症者が考え直して自分からすすんで受診してみようという気にすることが必要だ。アルコール依存症の場合、患者を無理やり力づくで病院に連れていくのはまずい。それでは初診は受けても、その後、治療を放棄するだろうし、そうでなくとも医師との約束を守らなくなるからだ。まず、家族（特に妻）は、夫がアルコール依存症であるらしいと感じたら、アルコール依存症の本を読んで知識を身につけ、確信をもったほうがよい。治療し、セルフヘルプ・グループにつながれば治せる病気だという確信である。1人でも断酒会やその家族会に通って雰囲気を知り、治していく技術を学んだらいい。自分と同じ家族の立場にある人の話から勇気と希望を得られるはずだ。家族教室にも参加したらいい。こういう場所にいる時間は、夫のことを考えるのではなく、自分のことに関心を向けたい。妻は不健全な自身の姿、すなわち、夫（あるいは息子）へののめり込みを見つめる必要があるだろう。髪をふり乱していた姿にピリオドを打って、身だしなみを整えたい。日ごろの命令口調、詰問口調、哀訴口調をあらため、柔らかく穏やかに話せるように工夫したい。

アルコール依存症である夫に対して、専門医療を受診するように、いつ説得するのかという問題がある。猪野は前述の本のなかで、「次の一杯が入るまでのしらふの時間に、本人が後悔と自責の念にかられているとき」が最適だと書いている。(91) つまり、酩酊中は論外であり、身体や仕事が順調なときも耳を傾けてくれない。深酒の直後の弱気になっているとき、やや落ち込んでいる時間帯がアルコール医療受診を説得する好機なのだ。

家族が説得するとき、兄弟や親戚や本人の上司の協力を得られるのなら、彼らに参加してもらえば本人の抵抗を封じることができる。人数が多いほど説得力が増す。

説得のときには、病気と人格は別であることを明言し、相談に行った専門医療機関の見立てではアルコール依存症であるということだ、治療すれば治ると話していたと言えばよい。断酒会の例会も見学してきたが、アルコール依存症の人々はみな元気になってしらふで仕事にも奮闘されていたと付言すればよい。

本人が治療を受けてからセルフヘルプ・グループの例会に通いだす。断酒会ならば夫婦同伴出席が鉄則である。家族の体験談ほど本人の断酒継続に有効なものはないくらいである。ブラックアウトなどで忘れている酒害が家族によって明らかにされるので、本人は反省しつつ断酒を継続しようとする気になっていく。しかし、高い所から見下して、単に、咎めたり責めたりする体験談はかえって反発を招く。同じ位置にいて肩を並べて一緒に治していこうとする気持ちが必要であろう。そして、夫の断酒継続の難事業に匹敵するもの、たとえば厳しい仕事などに打ちこむのがいいと思う。そうすれば断ちつづける難しさや喜びが理解できるからだ。

断酒会に出席している家族の一部に体験談を通して知った他の仲間の秘密を持ちだし、他府県の会員・家族に吹聴していることがあるが、例会は集団心理療法であり、自己治療の場であるから、プライバシーは守らねばならない。

第6節　自分からすすんで治療を受けた人

アルコール依存症の軽症化は確かな事実である。清水は、全国8つの専門病院を調査して、軽症化の動向は地域性に影響されることなく、全国的なものであると結論している。[92] 医療にかかったとき、軽いというか初期のアルコール依存症者が増えているのは、保健知識や病気知識が人々に浸透した結果であろう。つまり、早く発見され早く治療のレールに乗る人が増えているということだと思う。

しかし、軽症化の真因は別のところにあるようだ。絶対的な貧困がほぼ解決していること、国論が大きく分裂するような階級対立がなくなっていることをあげていいと思う。貧困は人を攻撃的にするし、階級対立も非和解的な人にする。階層として明確にあった絶対的な貧困層がほぼ消滅したことや厳しい階級対立がなくなったことが軽症化のほんとうの原因であると思う。日本人が変わっていって、アルコール依存症の構造も変化しているのだと思う。また、穏やかで柔らかなアルコール依存症が増えているようであるが、そうした患者も軽症化というカテゴリーに入れられている気がする。

最近、専門外来クリニック院長にも訊いたが、やはり初期で軽い患者が医療に登場していると言う。少数、というのでは多すぎて、ぽつんぽつんと現れているに過ぎないということであった。彼らはインターネットで病気と医院を調べてやってくるのだと言う。

私が所属している断酒会には5支部があって、継続的にすべての支部例会に出席している。聞いた体験談に関するかぎり、自分からすすんで治療を受けた人は武勇伝がなく、底つき体験もなく、表情も安定して比較的穏やかである。そして、重要なことは、遭遇した偏見または社会的スティグマの総量が少ないらしいということである。偏見あるいは社会的スティグマが少ないのだから、当然、否認も強くはないようだ。否認が少ないとなると、治療が望ましい方向へ進めやすいということである。初期の軽いうちに治療を受けると、右のようなメリットがあるようだ。しかし、断酒会で見る「初期の軽い人」には首を傾げたくなる点もある。まず、1人で例会にでるのが普通であるということである。会員や家族は、30分も40分もまえに来て、なにやかやと和気藹藹に雑談するものである。この雑談は断酒のキーワードが潜んでいるので有意義なのだが、「初期の軽い人」は例会が始まる直前に1人で現れるのである。次に他の会員・家族と没交渉であることが多い。出席するのは通常の例会だけで、他の行事や研修会には顔を見せないことが普通である。私は、やはり、「初期の軽い人」にも家族があるのなら、家族と共に出席したほうが、アルコール依存症を治せる確率が高まると思う。ＡＡではアラノン（Al-Anon）という別組織が家族のために用意されていて、家族だけでクローズドで運営されている。

【註】

(88) 体内に入ったアルコールが、肝臓のなかでアセトアルデヒドという二日酔いの原因となる猛毒に変化したあと、無害な酢酸に変化することを阻止する医薬品。

(89) 猪野亜朗『あなたが変わる　家族が変わる』アルコール問題全国市民協会（ASK）、1992年、9頁。

(90) 森岡洋『誌上アル中教室』星和書店、1992年、258―292頁。

(91) 猪野、前掲書、45頁。

(92) 清水新二『アルコール関連問題の社会病理学的研究』ミネルヴァ書房、2003年、337―364頁。

第6章 アルコール依存症を治していく心

藁にも縋る気持ちで断酒会に入ってくる人が多い。家族はここしかないと悲壮感をただよわせている。断酒会が酒をやめさせてくれると信じて入会してくる人がいる一方で、セルフヘルプ・グループの効果に半信半疑の人も少なくない。医療に強く勧められていわば義理を感じて入ってくる人も、インターネットで調べて自主性をもって入会してくる人もいる。この章では酒をやめつづけるための方法、具体的にはアルコール依存症を治していく心を述べる。

第1節　アルコール依存症は治せる病気である

私の酒害も人後に落ちない。20歳代から山型飲酒パターンである。肝臓病は患わなかったが、足裏が氷の上を歩いているような違和感、つまり多発性神経炎を経験したし、栄養失調のときもあった。飲酒運転追放の世論がやかましくなかった時代であったので、飲んでハンドルを握ることもあった。夜間、テレビで酒類のCMを見ると矢も楯もたまらなくなり、家を飛びだし、自販機まで走る。琥珀色の液体を喉の奥に流しているときだけが幸せだった。胃袋で吸収され、体をかけ巡り、頭の血管を膨らませるのがよくわかったものだ。

家族は酒瓶を隠したり、瓶にマジック・インクで線を引いたり、酒を炊事場にドボドボと流した。叱られたり、脅されたり、責められたりするのはいつものことである。家庭でも居場所がないようになっていく。同僚に飲酒について非難されたことはないが、自己否定的だと言われたことが再三ある。そして、ひそかにアルコール依存症かもしれないと心配した。経験した数々の酒害が脳裏に浮かぶ。もし、アルコール依存症かと思うと心配だ。たまらく不安だ。世間の人々が蔑視するアル中になったら一巻の終わりだと思う。それは非常な恐怖である。しかし、一杯飲めば、胸の不安はたちどころに消えた。まだ、仕事がある、家庭がある、指が震えない、道端に寝たこともない。そして、飲んで死ねたら本望だと言い聞かせた。

37歳のとき、専門病院の院長の診察を受け、「完全なアルコール依存症だ。酒をやめねば40歳前後に死ぬだろう。やめようとするなら、断酒会という自助グループがある」と言われた。今まで、山型飲酒パターンのあと、自主的に内科医療を1、2回受診し、どちらでも、アル中ではなく意志が弱いと言われてきただけに、まさに青天の霹靂である。しかし、診察の小一時間で院長の人柄に惚れた私は入院を希望し、病床でアルコール依存症関連の本を読んで3週間を送る。そして、退院してからただちに断酒会に入会したのである。職場は高校である。学級担任をしているクラスの子どもが、盛り場において喫煙などで補導されることがあった。クラスの子どもが教師に暴言を吐き、問題となる。補導会議で学級担任の指導力を批判され、私が落ち込んで帰宅すると、母が昼間のご近所の人間関係について延々と愚痴を言う。共働きの妻がいつまでたっても帰ってこない。3歳の娘が腹を減らして泣く。そういうとき、飲酒欲求に火がつき、喉を突き破りそうな勢いに私は半泣きになって体を海老のように折って堪えたものである。

最初、例会出席は所属支部だけである。それでもスリップすることはなかった。支部例会を休んだことはない。日曜日に県外活動をくり返す。あちこちで体験談に感動した。ある一泊研修会で目から鱗が落ちるように断酒に開眼した。松村断酒学校にも入校する。約6カ月間、医者、ソーシャルワーカー、自治体議員、保健所職員など多様な人々から、わが国のアルコール問題のあり様を聞いた。自分自身の19年間にわたる飲酒経験と合わせて、①日本ではアルコール依存症やアルコール問題が個人の問題として矮小化されている、②アルコール依存症とアルコール問題について、政治や社会の責任が指摘されることはマレである、③わが国の酒害を大幅に削減するには、アルコール基本法の制定・施行が欠かせない、私はそれを明らかにしたい、④そのためにも絶対断酒を継続する、と心のなかで誓った。入会して半年ほど経ったときである。スリップすることはなかったものの、断酒の取組みが甘かったと猛省し、毎日例会をめざす。

酒をやめて1年が経過したころ、妻がガンになり入院した。手術が成功し、また勤めに行くようになる。私のほうは困難校へ転勤になる。当時、わが国の高校中退率が2・2%であったが、その学校では約19%であった。つまり、入学する576名のなかから約100名が中退していく。毎日のように補導会議が開かれる。遅刻や欠席、早退がやたらと多いために出席簿が真っ黒になっていく。ここの生徒たちは幼いころから学力差で冷遇されてきたので、学校ないし教師に対して、漠然とした、しかし、鋭い敵意をもっていた。彼ら同士の会話の端々には、「畜生！」「死ね！」「腹立つ！」「殺すぞ！」など激しい感情がほとばしっている。

困難校で私はうつになった。抗うつ剤を服用しながら勤務していたが、どうにもならなくなって休職する。抑うつ感がひどい毎日で、一杯飲めば、濃霧が晴れるようにうつが消えるはずだと誘惑の声が聞こえてくる。抑うつ感のままに、体力を維持することを目的にして長時間歩きに歩いた。人間の集団のなかでしか生きられないのだからと思って、対人接触が苦痛になっていたが、例会出席は怠らず、例会場で会員・家族と談笑するのであった。

医師にうつがでていると言われてから、完全に治りきるのに3年間を要したと思う。そして、一滴も飲まずにうつを切り抜けることができた。

断酒9年のころ、妻がメニエル病から突発性難聴になり、県立病院に入院する。妻が入院していた約3週間、些細なことから猛烈な飲酒欲求が沸き起こることが頻発し、非常に苦しんだ。しかし、私は飲まずに切り抜けたのである。ライフワークの同和や在日韓国・朝鮮人問題のことで、同僚間に軋轢が生じ、身も心もくたくたになったこともある。

私は奈良市断酒会に所属しているが、1997年（平成9年）に会長になり、役員会などで市民への酒害啓発を考えるようになる。奈良市内にアルコールの専門外来が開院されたことを受け、断酒会は単に酒害者が断酒することだけに終わるのでなく、断酒会、医療、行政の3者が三位一体的にスクラムを組んで奈良市民に酒害の啓蒙をしていこうと提案した。そして、書きあげた趣意書をもって、専門外来、保健所、市役所、市教委、県教委、警察署、消防署、裁判所、一般病院、精神科診療所、精神病院、私立高校を訪ね歩き、賛同を求める（こういう団体には、その後も学校の夏休み、冬休み、春休みに3年間勧誘した）。その結果、奈良市保健所・専門外来・奈良市断酒会が中核メンバーになって、同年10月に「奈良市アルコール関連問題懇談会」が結成された。

会則を編んで偶数月に定例会を開く。懇談会が主催して、近年では、6月、8月、10月に酒害セミナーを開いて市民に啓蒙しているが、その内容は保健所がアルコール関連問題の実態を述べ、専門医がアルコール依存症の症状と治療法を説明し、断酒会員が体験談を発表するという流れである。セミナーを受講した市民が、他日、専門外来を受診し、断酒会に入ってくるということもある。

56歳になったころ、人間ドックで糖尿病であると言われた。運動は何もせず、過食していたことの報いである。幸いインシュリンを注射しなければならないほどになっていないが、医師から1日1万歩（早足で約90分間）の散歩と間食をしない生活を指導されたのである。ただちに散歩をして、間食しないことに決めた。職場に行くのに電車に乗るが、最寄駅の2つ手前で下車して歩く。帰りは最寄駅から1つ向こうの駅まで歩く。雨降りの日や酷暑の夏は辛かった。1日に100分以上の散歩は現在もつづけており、間食をしないことと相まって、血糖値検査がいつも正常と判定されている。

断酒歴が20年前後になったころから、私はアルコール依存症のことを治せる病気であると思うようになる。セルフヘルプ・グループを離れた人々のその後から、飲んでいれば確実に死に至る病気であり、生き延びるには断酒を継続することであるということがよく理解できるようになった。断酒継続ほど具体的、実践的なことはない。入会後の生き死には、断酒会が掲げている方法、すなわち、「一日断酒」と「例会出席」をくり返しているかどうかで決まるのである。

私は、主として本書第3章でアルコール依存症の厳しい側面を述べた。「初診患者100人のうちの1人だけが断酒を継続できる」とか「断酒会員には周期的に離れたくなるときが襲ってくる」とか「アルコール依存症はどんどん死んでいく病気である」と書いてきた。いずれもまった事実である。アルコール依存症の平均死亡年齢が50歳前後であることも事実である。しかし、また、反面、治せる病気であることも事実なのである。断酒会に所属して、「一日断酒」「例会出席」を雨の日も風の日も励行していけば治るのだ。例会以外の諸行事にも参加しつつ断酒会のなかでは、小学校の先生が、小1児童に教えるようなシンプルな倫理的徳目である、正直・素直・誠実・努力・「仲間を大切に」を実践していけばいいのだ。新生をめざして、陰ひなたなく断酒会活動に打ち込んでいれば、アルコール依存症が治るのである。現在、2度目の会長として、新しい人々に問われたとき、6つの心（6つの態度）を説いている。それは、

1　反省する心
2　実践する心
3　償う心

4　感謝する心
5　求める心
6　ゆるす心

というものである。反省する心がある人だけが立ちあがれる。反省ができていなければ断酒する気も起こらない。断酒は徹頭徹尾、実践である。「一日断酒」と「例会出席」に打ち込んでこそ断酒が継続されるのだ。ある期間断酒が継続されると、罪意識が充満してくるが、償う心で酒をやめていく必要がある。

恵まれて生き、酒をやめられて暮らしていることに感謝する心が断酒生活を豊かなものにする。人が頭で思い描きつづけるものは実現するのである。断酒、家庭、仕事、健康、趣味……と多種多様なものを求めて求めて求め抜く必要がある。求めないものは、実現しない。嫉妬、自己憐憫、怒り、恨み、孤独感などは例会出席とは別の方法でのみ改善することが多いが、私はそれは憎んでいる人をゆるすことで緩和すると考えている。次節以降、アルコール依存症を治していく心を述べていく。

第2節　反省する心

児玉語録にも「反省」が説かれている。[93] 児玉は、新しく行動を起こすとき、「自己の裸の姿を客観的に冷静な目で見つめ、きびしく自己批判するものでなくては意味がありません」と述べている。

児玉語録は、和歌山断酒道場長の児玉が道場生に語った言葉を編んだものだが、児玉が「反省」を断酒に立ちあがるときに欠かせないものと考えていた。

断酒会を離れていった人や、入会してから数年間が経つのに断酒ができていない人と話すことがあるが、そういう人々は、飲酒時代の酒害を反省できていない。非常に安易に酒害を捉えていて、アルコール依存症に罹患したことを「運が悪かっただけサ」と考えている。

病院で治療を始めるとき、または断酒会に入会したとき、自分自身の飲酒に関係するすべてのことに対する厳しい自己批判がなくては断酒など軌道に乗らない。飲んだ時間、飲んだ量、飲んだ場所、飲んで人におよぼした迷惑行為、飲んでいたときの心理を白日の下に曝さなければならない。アルコール依存症者の飲酒は、往々にして、自己中心的で、逃避的で、自己肥大的であるが、こういう姿を自己批判できてこそ断酒がレールに乗るのだ。

私は、当初、例会で他の会員の体験談を聞いても、自分の人におよぼした迷惑行為や飲んでいたときの自己中心的心理が心に浮かばなかったので、自宅で記憶をたどって迷惑をかけた行為や自己中心的な心理をノートに綴ることにした。飲酒を始めた18歳から入会するまでの19年間の酒害を時系列に思いだして書いていく。毎日曜日、これに取組む。過剰飲酒によって、心の方角が過去に向かわない生活をつづけていたから、自分の自己中心的な振舞いや心理がわからなくなっていたのだろう。

まず、大きな出来事が頭に浮かぶ。それを基盤にして、前後数年間の小さい酒害も思いだしていく。ノートに綴った酒害を基礎にして、当日の例会で聞く他の会員の体験談の影響を受けつつ、自分の体験談を語っていった。体験談を語ることで、新しい、別種の、自分の人におよぼした迷惑行為や飲んでいたときの自己中心的な心理が思いだされるのであった。一通り済ましてから、次に、飲んでいたころの人間関係のゆがみを思いだすことにした。内観道場が行っている方法に学び、母→父→祖母→祖父→兄弟……と1人ひとり対象を時系列的に思いだし、ノートに綴っていった。そして、この営みから、アルコールに依存するまえに、母や父との関係が不健康的なものであることや、人々、特に母や妻に依存していた事実を知ったのである。この手垢にまみれたノートは今も手元にあり、たまに眺めて襟を正している。

心に反省が生じてこそ、例会に行ってみよう、体験談で酒害を告白してみようという気になるのである。反省する心になってこそ、酒を断ちつづけようという気持ちが生まれ、反省する心こそ断酒の出発点である。

経営、政治、学問、芸術、スポーツなどの世界でも、一流という評価の高い人ほど、日常的に反省することを重視している。松下幸之助さんの著作に熱中した時期が私にはあるが、幸之助さんほど厳しい反省をする経営者はいないようである。

第3節　実践する心

断酒継続ほど実践が結果に直結する営みはないだろう。断酒理念や断酒理論がどんなに素晴らしいものであっても、「一日断酒」を積み重ねないかぎり、それらは空中楼閣にすぎない。雄弁でなく、派手さもない人がこつこつと陰ひなたなく正直・誠実・素直をモットーに生きていって、成功を収められる領域が断酒会なのである。

松村語録にも、「今日1日だけやめよう。そして、その1日1日を積み重ねよう」（第4項）、「断酒優先をいつも考えよう」（第9項）、「厳しさのないところに断酒なし」（第31項）、「実践第一」（第32項）、「他力による断酒ではなく、自力、自覚の上に立つ断酒であること」（第33項）と書かれている。

断酒会を形づくっている、最大の理念であり方法論でもあるのは、シンプルな「一日断酒」と「例会出席」である。「アルコール依存症を治すにはどうすればいいのか」と質問する人がいたら、「一日断酒と例会出席に励むことです」と答えるしかない。

どんなひどい酒飲みでも1日ぐらいは飲まない日があった。だから、アルコール依存症者も生涯の断酒が可能なのだと解釈するのである。

たとえば、昼すぎに飲みたくなったとする。すぐ飲むのが入会まえである。入会後は、自分の心を操作する。時計の針が今日の午後12時をさすまで、今日であるから、今日は飲まない。今日一日の断酒を心に深く誓っているから、今日は絶対に飲むことはできない。明日のことは誓っていないから、午後12時以降なら飲んでもいい。そうだ、明日、酔い潰れるまで飲もうというふうに心を操縦するのである。飲酒欲求の激しい一日を飲まずにすごし、夜になって眠る。そして朝、目覚める。すなわち、「今日一日」が始まったのである。今日は飲まない、どんなに飲みたくとも、今日一日は絶対に飲むことはできないと思い定めるのである。

一日ずつ辛抱していく方法で失敗するのであれば、時間単位にすればよい。たとえば、3時8分に強烈な飲酒欲求が襲ってきたとする。すぐ腕時計を見る。4時まで絶対に飲めない、4時以降なら飲んでいい、と心を操作するのだ。実際4時になったときには飲酒欲求が消えているのだ。時間単位で飲酒欲求をそらしている人が少なくない。

例会に出席することが習慣になるようにしなければ長い断酒など実現できるものではない。不定愁訴のために例会が億劫であっても例会には出席しなければならない。億劫な日というのは、「家にいても断酒はできる」とか「たまに休んでもいいだろう」と考えがちであるが、例会にでたあとは、足取りも軽く帰宅できるのである。

例会には宝物が詰まっている。

まず、安心という宝物がある。例会は夜間7時から2時間程度もたれることが普通であるが、この時間帯は飲んでいた時間である。例会出席の往復の道中も加えれば、数時間確実に飲まないで過ごせるという安心感がある。次に元気がでるという宝物もある。困難な条件のなかで立ち直ろうとする仲間の意志と努力が、体験談を聞くものを元気づける。飲まないで過ごしているものでも明日のことには不安をもっているが、断酒への明確な意志を聞けば、「自分もがんばるぞ」という気になる。

さらに客観視という宝物もある。仲間の体験談を通して、自分の性格や感じ方、考え方の片寄りがわかってくる。例会場は鏡の部屋だという意見が断酒会にあるが、例会では仲間の存在が自分の合わせ鏡なのである。また、人との接し方がわかるという宝物もある。アルコール依存症者には人間関係が希薄であったり、それが苦手であったり、人間関係の意識が乏しかったりするものが多いが、そして、それゆえに無聊を慰めるために飲んできたし、人との関係を壊して飲んできた。例会に出席することを通して、人間関係の気づき方が身についてくる。

わかちあいという宝物も詰まっている。アルコール依存症は、悲惨で孤独な病気であるが、それだからこそ、「同じ体験をした人と出会いたい」と願いながら飲んできた。アルコール依存症としての苦しみ、悩み、悲しさは、例会において、アルコール依存症者同士でわかちあえる。家族もまったく同様である。

偏見から解き放たれるという宝物もある。アルコール依存症は、大衆レベルではまだまだ道徳的モデルでみられている。大衆は「意志の弱いダメなやつ」という見方をするが、例会では偏見に立ち向かう勇気をもらえる。飲酒を思いとどまらせるという宝物もある。他の会員が飲酒して悲惨な結果になったという話を聞くとき、自分はやめつづけなければならないと決意を深める。

表現力がつくという宝物もある。アルコール依存症には口下手な人が多い。入会したとき人前でろくに話せない人でも例会を通して話上手になっていく。以上の通り、例会は宝の山であるのだから、出席を怠らず少しずつ良いものを身につけていきたいものだ。

飲んでしまった人々にはそれなりの理由がある。サラ金の業者が利息を払え、貸金を返せと言いに来るので、飲んだ。明日、会議の議長を務めなければならず、不安になって飲んだ。例会でスリップしたことを追及されそうで飲んだ。しかし、問題と飲酒は別個のものであり、問題のたびに飲酒していては断酒を継続することはできない。

「金を払え」と言いに来ることを飲むことで阻止することはできない。もし、ほんとうに来るのであれば、しらふで応対すべきである。議長を務めなければならないのは、その集団のルールであるから、飲む飲まないの次元の話ではない。飲めば議長職を務めることができなくなる。スリップを追及されることはないが、仮に追及されるとしても、飲めばいっそう強烈に追及さることになるだろう。

過ちを起こしたら、逃げずに責任をとる。責任を追及されたら逃げない。叱られれば謝る。こういうすっきりした態度が断酒継続には欠かせない。

研修会には日帰りの「一日研修会」と「一泊研修会」の両方があるが、それらは非常に効果的であり、長編小説を読み終えたときに味わうような感動もある。研修会がいいものだと教えられたとき、それに参加してみようという気になるのも、「実践する心」である。

スリップしました、なかなかやめられませんといつも言っている人がいる。そういう人は、仲間に「例会回数を増やしたらいいですよ」とか「研修会がいいですよ」とか「酒をやめねばならない理由の盛り込んだ体験談を話したらいかがですか」とアドバイスされても従わないのである。実践してみようという心がないから断酒ができないのだ。

Kさんは印象的な会員であった。私が支部長をしているときに入会してきた。63歳で無職であるという。新生会病院(94)から外泊で支部例会に来てくれ、例会場の設営も手伝ってくれる。毎週1番乗りして、そうしてくれる。県内のあちこちの例会や県外活動で彼に会うようになった。

九州や四国、関東にも足を伸ばして研修会や断酒学校に夫婦で参加しているということであった。無事、1年間やめきったころ、Kさんが「1年間に365回例会出席しました」と言われた。一泊研修会は2回、断酒学校は3回とカウントするやり方である。毎日例会は頭では想像できるが、実際のところ、身体面が苦しいものである。1週間や10日ぐらいなら努力すればできるだろうが、1年間の毎日とは偉業である。

その後、Kさんは食品会社に勤めることになったが、面接では断酒会専用の名刺を渡した。アルコール依存症であることを明かしたのは、仕事の面でも負けたくないからだということである。Kさんの会社では酒宴が多いが、Kさんは出席を欠かしたことがない。酒席はすべて出席してジュースを飲んで過ごし、二次会は挨拶して退席すると語っていた。

一泊研修会も断酒学校も参加するとき体調を充実させる必要がある。それらは有料だ。遠方までの交通費もかさむ。毎日のように例会にでるためには勤務中に仕事を片付ける必要がある。言葉づかいの丁寧さも際立っていた。Kさんにとっては、仕事も酒席も体調維持も経費捻出もすべてが「一日断酒」「例会出席」につながっていたのだろう。Kさんには他の思い出もある。断酒会では酒害体験の文集を発行しているが、存命中のKさんに執筆を依頼したことがある。安直に書く人がいるなかで、Kさんは下書きし、恐ろしく丁寧な文字で誤字・脱字のない原稿を手渡された。

記念大会では、会場正面の壁に横断幕を掲げるが、これを支える木製の枠ないし金属製のポールが必要になってくる。Kさんは製作を請け負い、ホームセンターに材料を求め、大工仕事でりっぱなものをこしらえてくれた。

忘年会のゲームで空缶が必要になったときも、Ｋさんが集めてくると言ってくれた。あちこちの店を回って集め、缶1個1個を水洗いし、水滴をぬぐい、10個単位で紐でくくってだしてくれた。酒をやめていくについて雑務もあるが、Ｋさんは嫌な顔をせずに進んで引き受け、誠実にやりきってくれたものだ。Ｋさんこそ、正直、誠実、素直、努力、「みんなを大切に」という小学校の先生が児童に教えるような徳目を体現した人である。

77歳まで断酒をつづけてから、黄泉路へ旅立たれたのである。まさに「実践する心」に溢れた人であった。

第4節　償う心

もし、今、飲酒が原因で人々におよぼした迷惑行為や攻撃行為をすべて明らかにすることができれば、私たちはすっかり平静でいることはできないだろう。普通、酒害者は後悔のレベルで酒を断ち、次に反省のレベルの断酒に移行する。それから罪意識のレベルに入っていくが、これはきわめて長い年月の贖罪となる。

断酒会員になっても、心身のエネルギーの大半を酒断ちに傾注するものだから、なかなか被害者のトラウマないし不利益を忖度することができない。つまり、断酒の初期に被害者に償うべきだと考える人はあまりいない。なぜなら、反省はしているものの、はっきりした罪意識が醸成されていないからだ。正気を取戻し、過去の自分の言動を見つめだすと、我ながら恐ろしさを覚える。すなわち、人間としてしてはならないことをくり返して行い、貴いものを汚し、美しいものを踏みにじり、世の秩序に背いた——つまり罪の自覚に至る。

罪の自覚が必要なことは言うまでもないが、全断連の『断酒必携　指針と規範』(普及版)[95]が罪意識の強すぎるケースと、罪意識の乏しいケースをあげ、それぞれの問題点を明らかにしている。『断酒必携　指針と規範』は2部構成であり、前半部に酒をやめた上での生き方のあり方を、後半部に断酒会という器に対するガイドラインを記している。前半部が「指針」と呼ばれ、後半部が「規範」という名称である。「指針」には6つの文章が挿入されており、「指針」の第6項として償いが述べられている。

同書は罪意識が強すぎることは危険であり、それでは「家族の望む償いをすることができない」と述べている。確かに罪意識が強すぎるために再飲酒や自殺が起きている。また、同書は、「まるで罪の意識のないことは非常に危険である」と記している。罪の意識がない人は、「上昇意識がやたらと強く、断酒会の中で目立つことばかり考えたりするようになる」と評している。

私も他の会員と同じように償う方法と内容をあれこれ考えてきたし、償われ方も見てきた。私の所属している断酒会では月末に家族会と本人会に分かれる。本人会が「償う」というテーマを設けて論議をくり返してきた。そうした経験に基づいて私は、償う方法と内容は千差万別であることを知った。本人たちが実施している償いには以下のようなものがあった。

1　飲まないことが当面の償いと考えて一日断酒・例会出席に励んでいる。

2　家事を積極的に担っている。
3　折りにふれ、妻、子、親に詫びている。妻、子、親が望んでいることが実現するように支援している。
4　断酒会の末端の任務を請け負っている。
5　仕事を通して社会に貢献している。
6　新しいアルコール依存症者が生まれないように市民に酒害を啓蒙している。
7　新入会員が断酒会に定着できるように支援している。

第5節　感謝する心

例会の冒頭にみんなで「断酒の誓」を唱和する。それは6つの節から構成されているが、第1節には「私たちは酒に対して無力であり、自分ひとりの力だけでは、どうにもならなかったことを認めます」という文言がある。一杯飲めば、コントロールを喪失して自他に甚大な被害をおよぼし、まともに生きていけなくなるのだから、文字通り、アルコール依存症者は酒に対して無力である。第1節の後半に、そうした酒害者が他の誰かに助けだされ、例会場に来ていることを示唆している。妻（あるいは夫）、子、親、兄弟姉妹、伯父・伯母……などがアルコール医療機関に連れていってくれ、医師やソーシャルワーカー、看護師が親身に世話を焼いてくれた。アル中蟻地獄から運びだされなかったら、また、病院で治療されなかったら、死んでいただろう。そう思うと、有難くて涙が流れる。

例会に初めて出席した夜、先行く仲間は、例会場に来たことを心から歓迎し、体験談の話し方を教えてくれた。入会して日の浅い、西も東もわからない自分を、断酒させるために、遠方の研修会に連れて行ってくれた。そういうことがくり返された親切が身に滲みる。

職場で、長くかかった大きな仕事をやり遂げることができた。評価も高い。心からみんなのお陰だと思う。この世に断酒会があったればこそ、酒をやめて生きてこられたのである。日ごろ、断酒会活動を支援してくれている家族、医療、行政に感謝の念がつきない。ごく自然に感謝できる人というのは、断酒が継続できる人であり、不平・不満の大きいものは感謝することを知らず、酒もやめきることができない。

第6節　求める心

入会したときは、ストレスに非常に弱い。気分が安定しているかなと思っていたら、急に落ち込んだり、あせったり、怒ったりする。上下運動をくり返すエレベーターみたいに、である。自分で自分の心をどうにもコントロールできない。夕食後の些細なことから不眠になったり、家族のちょっとした言葉で、急激に飲酒欲求が湧く。あまりの激しさにうずくまって半泣きになる。

1年間酒をやめると相当自信と意欲が生まれ、断酒することの苦痛がわずかに減ってくる。1年間も飲んでいないことが誇らしく、嬉しい。しかし、心は波間に浮かんだ葉のように絶えず揺れ動いている。

過去に自分がしてきた迷惑行為を思い浮かべると、苦しくて仕方がない。というより、圧し潰されそうだ。職場でも家庭でも、口論に乗らず、落ち着いていることを優先している。

断酒に立ちあがるときには誰もが夢や希望をもっているが、断酒の期間が延びてくるにつれて、それが色あせてくる。そして、数年もやめると、ただ断酒だけが目的になってしまうことが多い。断酒を取り去ると、何も残らない生活者になってしまう。こういうことを戒めるために、断酒会では古くから、「酒をやめるだけが断酒ではない」と言ってきた。また、「3年までは断酒が目的であり、3年以降は手段であるべし」とも言われてきた。断酒3年を達成するまでは、酒を断つことそのものが目的であり、3年を超えると、断酒を手立てにして、仕事や生きがい、趣味分野でも大いに発展すべきだというわけである。健常者と競合する分野でも断酒会員がリーダーシップを握れという教えである。しかし、周囲を見渡すと、断酒を手腕にして大発展されている人は少ないようである。

20年、30年もやめているのに、相変わらず断酒が目的であり、断酒会の役職から離れようとされない人々が少なくない。この情景の背後には深刻な問題が横たわっているような気がする。わが国では酒をやめにくいようだ。

テレビを見ていると、飲むシーンを放映するCMが目に飛び込んでくる。街角には酒類自販機が並んでいる。コンビニでは終日酒を売っている。スーパーでは酒類に広いスペースをとって、山のように積みあげている。酒席では飲酒の強要がある。要するに、断酒会員は日本では酒をやめにくいことを経験的に熟知しているので、長くやめても、断酒することを生活上の最大目的にしているのかもしれない。

また、アルコール依存症者は障害者である。適正に飲酒することができないという障害である。そこで障害が社会的な不利にならないようにする取組みが必要になってくる。たとえば、障害者手帳、障害年金、グループ・ホーム、作業所、医療、ソーシャルワーキングなどである。すなわち、アルコール依存症者が十全な生き方をするには、断酒会だけでは不十分であり、断酒会とは別個の社会的サポートが欠かせないのである。

アルコール依存症は他の疾病と同じように個人的な病気である側面をもちながら、同時に、社会的な病気である。アルコールに損失をもつ断酒会員を社会的に支援することを通して、そのものを健常者と同等な社会的存在に高めていくべきなのだろう。しかしながら、こういうことが日本では決定的に弱く、遅れているのだと私は思っている。

だからこそ、断酒3年以降は断酒を手段にして大いに発展せよ、仕事や生きがい、趣味分野が断酒生活の目的になるようにせよと諭されても、それができずにいつまでも断酒会の役職にしがみついているのだろう。

日本では酒をやめにくいという現実がある。断酒会員の社会的な処遇もよくない。こういう負の事象が断酒だけを目的とする人々を生みだしているようである。

数年もやめるとただ断酒だけが生活上の目的になる人が多い。そういう人々は、さらに数年後にはひどい大量飲酒者になっていたり、飲んで入院していたり、断酒会を離れて死亡していたりする。そういう予後の悪い人々というのは、私は「求める心」が足りないからだと思う。断酒会に入会したころ、やめることに関しては苦痛であるが、仕事や家庭、生きがい、趣味などで燃えるような夢、希望をもっていた。それが次第に色あせていくのは、求め足りないからだと思うのだ。

断酒を基盤にして、諸事全般にわたってがんばるぞという思いが足りない。入会したとき、酒をやめたいし、飲みたくもあると思っている人は飲んだりやめたりして、死んでいく。1年間やめたい人は、1年間やめてから、元の問題飲酒者に戻る。3年程度やめたい人は、3年程度断酒する。酒をやめるが、他の会員が誰も見ていない機会があれば、飲んでやろうと思っている人は、現実にその通りになる。

アルコール依存症者は、断酒会入会のとき、今後、一滴も飲まずに生き抜くぞという強烈な「求める心」をもつことがもっとも大切である。「求めよ、さらば与えられん」（マタイ福音書7章）という聖句は、与えられるのをただ待つのではなく、何事にも自分から求める積極的な姿勢が必要であることを言っている。

アルコール依存症者は、酒をやめて心身を健康にしたい気持ちが強い。したがって、例会、研修会、記念大会、断酒学校に数多く参加して、それを強い「求める心」に変えていけばいいのである。漠然と断酒できるのであれば断酒したいというような生半可な「求める心」ではダメである。強烈な決意として、寝ても覚めても24時間にわたって酒をやめることを求めつづける。断酒の夢を見るぐらいにしたい。全身火の玉となって断酒後の生活全般を思い描く。それほど一生懸命に、強く求めることが、アルコール依存症を治していく推進力となるのだ。

同じ病院に同じ時期に入院し、同じ程度の病齢で、似たような年恰好の2人が、同じころに入会してくることはたまにあるが、往々にして、1人が断酒に成功し、もう1人が失敗に終わることがある。その差はどこから生まれるのか。家庭の協力度、仕事の内容も加減するが、一番大きいのは「求める心」のあるなしである。本気になってアルコール依存症を治していこうという「求める心」があるかないかが結局決め手なのだ。

私は高知の松村断酒学校に4回、北海道の大雪断酒学校に8回入校した。島根の山陰断酒学校には21回も入校した。断酒学校は2泊3日で、初日は午後1時から始まって、夜9時に研修が終わる。研修と言っても体験談を聞いて語ることだけであるが、酒をやめつづけていこうとする強烈な決意を生みだしてくれる。2日目は午前8時から午後9時まで、3日の研修は昼に終わる。山陰断酒学校は8月に開かれ、学校が休みの私はよく島根まで足を伸ばしたものである。多いときは約800人の参加があり、会場(玉湯町公民館、以前は松江市の労働会館)は人いきれに溢れている。クーラーも効かず、狭いホールに約800人だから座布団1枚だけが自分一人の城といった塩梅であった。長時間にわたって座っているものだから、脚や腰が痛くなってきた。

断酒学校で3日間を過ごすと、どんなことがあっても飲まないという気持ちが強烈に生じる。誰でも何もせずに最初から強い「求める心」があるのではなく、断酒するにふさわしい環境に自分を追い込んで生まれるものなのだ。

私には年間通しての毎日例会の経験はない。13、14日連続して出席し、1、2日途切れ、また13、14日連続して例会に出るパターンが多い。このように毎日のような例会が酒をやめねばならない理由を鮮明にしてくれ、断酒意欲を激しいものに高めてくれる。

松村語録の「断酒優先をいつも考えよう」（第9項）という言葉を信じて、私は妻がガンの手術をした日も、うつ状態で苦しい日も例会に出席してきた。

毎日の断酒会活動に精魂を傾けて努力していくことがもっとも大切だと児玉正孝も説いている。児玉語録の第1番に置いているのが、「心の鏡を磨く」という文言[96]である。鏡は美しいものを映しても、汚れたものを映しても、鏡は変わらない。人の心も鏡と同様にあらゆるものを映す。異なる点は、人心がその投影物によって左右され勝ちになることだ。変転しやすい心を何ものにも左右されないようにしていく努力が、「心を磨く」であると児玉は述べている。断酒会活動に精励することが、「心を磨く」という営みに直結しているのである。

求めて、求めて、求め抜けば断酒を継続でき、アルコール依存症も治っていくということの科学的根拠を述べたい。筑波大学名誉教授の村上和雄は遺伝子研究に関して世界的権威であるが、彼の『こころと遺伝子』（実業之日本社、２０１０年刊）と『生命の暗号』（サンマーク文庫、２００４年刊）は右の命題に対して説得的である。

遺伝子の働きは環境や外からの刺激によっても変化するという。たとえば、精神的ショックを受けると、たった一晩で髪の毛が真っ白になってしまう。逆に、末期ガンで「余命数カ月」を宣告された患者が1年経ってもピンピンしている。

心の持ち方が遺伝子に好影響をおよぼし、人生が劇的に好転することがある、と村上は述べている。

昔から、「病は気から」という言い方をするが、気持ちの持ち方1つで、病気になったり、病気に打ち勝ったりする。通常、遺伝子のほとんどがＯＦＦになっている。目的をはっきり掲げ、元気一杯にはつらつと前向きに生きると、良い遺伝子がＯＮになり、悪い遺伝子がＯＦＦになると村上は説いている。

村上は、「大病が人生をプラスの方向へ変えたという話を、みなさんも少なからず聞いたことがあるでしょう。病気をした経験が、自分にとって『良いほうへ展開する』というふうに広い視野で捉えること。つまり自分の身に起きることは『すべてプラス』という捉え方をすることです」と話している[97]。要するに、アルコール依存症になったことをいつまでも嘆き悲しむのではなく、心機一転、治すことに夢と希望をもって元気に生きることが欠かせないというわけである。さらに村上は、元気のでる遺伝子をＯＮにすれば、「私たちがこうあってほしいと望むようなことは、ほぼ１００％実現可能な範囲にあるといってもよいと思います[98]」と説いている。

求めて、求めて、求め抜けば、人間の頭にあるようなことはことごとく実現するという。つまり、アルコール依存症を治そう、生涯にわたって酒を断とうと「求める心」をもって、一日断酒・例会出席に励んでいけば、それが実現するのである。仲間たちと調和しつつ、陰ひなたなく活動に打ち込み、正直・まじめ・誠実・素直・「仲間を大切に」を胸に刻んで、一歩一歩進んでいくのがよいのである。「求める心」のあるなし、多い少ないによって、数カ月ぐらいではあまり差がつかないが、10年、20年の年月で観察すれば歴然とした違いがでている。

第7節　ゆるす心

断酒会員は、飲んでいた時代に問題を起こして周囲から嫌われ、軽蔑され、嘲笑され、早く死ねばいいと思われてきた。アルコール依存症という病気は非常に長い経過をたどる病気であるから、嫌われ、軽蔑され、嘲笑され、死ねばいいと思われていた時代が長い。そういう環境のなかで生きてきたので、感情面の歪みが固着している。感情面の歪みは、断酒をつづけても簡単に治らないことが多い。

感情面の歪みには、特定の個人を責めて問題解決を図る攻撃性、一生治らない病気にかかったという絶望感、自分ほど悲劇的な人間はいないという自己憐憫、自分を冷笑した人に対する恨み、漠然とした社会への怒り、この世でまったく1人ぽっちであるとする孤独感、この世は生きるに値しないし自分も生きるだけの値打ちがないと見なす厭世観などがある。

酒をやめて1、2年が経つと、見違えるように明るく幸福感を漂わせる人は、もともと感情面の歪みが小さかったり、早期に改善することのできた人である。感情面の歪みが深刻であると、酒は飲んでいないのに少しも精神的に楽になれない。幸福感や充足感のない、妙にうすら寒い毎日になってしまう。

私の場合、感情面の歪みが際立って大きかった。顔を見ていないのに、むかむかと腹が立ってくる数人がいた。そいつらをゆるせば、心穏やかに生きられるのだろう、頑固な他罰性もなくなるだろうと思った。遅まきながら、ゆるそうと決意した。すると、「ゆるしたら、自分の負けになるぞ」と闇から声がする。「こいつらはひどく自分を傷つけてきた。罰せられるのは当然サ」ともう1人の自分が反応する。

ゆるしていない人の、ゆるせない行為をノートに書きあげた。ゆるせない行為を書き並べると、「ゆるすなど、とんでもない。こいつらは根からの悪党サ」という声がする。例会ではゆるせない人として話した。数カ月を経て、ゆるしてもいいかなという気持ちになったとき、「こいつらは、自分の利益を損ねてきた。冷ややかな態度を取るのは当然だ。怒りを向けていることが処罰していることになっているのだ」ともう1人の自分が主張する。それから、ゆるせない人に対して感謝したい事柄をいちいちノートに書き並べた。また、例会でもしゃべった。そして、こいつらも、成果をあげたかったのだ、自分がそうであるように未熟で弱かったのだと納得したのである。それから、数週間費やして、相手に対して謝りたいことを探り、ノートに書き並べ、かつ例会で報告したのである。

個人をゆるすにせよ、社会をゆるすにせよ、ゆるすということは、他人の心を傷つけたり、不利益を強いたりした人々に責任がないということではない。ゆるすということは、そういう行為をさしつかえないとして許可することではない。ゆるすということは、対人接触するとき、こちら側が、エゴイスティックで怒りを帯びた従来の見方を放棄するということだ。ゆるすということは、正しさよりも幸福を選ぶことでもある。ゆるすという営みは、まず不完全で醜く弱い自分をゆるすということだと知った。

ゆるす作業に1年余を要したが、他罰性や怒り、恨みが大幅に減少した。

【註】

（93）米田栄之・児玉正孝『酒をやめたい人のために　アルコール依存症からの回復』星和書店、１９９２

年、110頁。

(94) 大阪府和泉市にある世評の高いアルコール専門病院で当時は和気隆三が院長であった。

(95) 全日本断酒連盟『断酒必携　指針と規範』(普及版)、1991年、36―40頁。

(96) 米田・児玉　前掲書、90―93頁。

(97) 村上和雄『生命の暗号　あなたの遺伝子が目覚めるとき』サンマーク文庫、2004年、62頁。

(98) 同書、77頁。

終章

アルコール依存症が治っていく

アルコール依存症は断酒の世界で常識とよばれていることを守り、実践していくなかで薄紙を剥ぐように治っていく。第1節にそうした基本事項を書く。留意しなければならないことは、断酒会に身を置いて断酒していても、周囲の人に「飲んでいたときのほうがマシだ」と言わしめるほど後退する過程もあるということだ。しかし、行きつ戻りつしながら大勢は回復局面を迎えることを第2節に述べたい。

第1節　アルコール依存症を治す基本事項

森岡の先述の著書のなかに新しく断酒する人々を対象にした「断酒継続のためにすべきこと」と題した文章がある。(99)「AAや断酒会に出席すること」「酒を飲まないと宣言すること」「小さな成功を積み重ねること」「危ない場所には近寄らないこと」などがその文章の見出しである。森岡が経験豊富な医師であることは多くの人々の認めるところであるが、私も経験が豊富な当事者である。断酒会と私自身の経験から、私にとって、断酒継続のためにすべきことを説くことこそ自家薬籠中の物なのだから、森岡が述べていないことも含めて、新しく入会した人に酒をやめて定着してもらう前提項目を書いていく。

まず酒を切る。そうして、飲みたくなったときも一日断酒で辛抱していく。例会にでれば、他の会員も辛抱しているので、苦痛が緩和されたり消失する。断酒会は酒害を体験した人々の集まりだから、新入会員の苦しみや悲しさはよくわかってもらえる。

例会には長くやめている人も出席しているから、自分も断酒をつづけていこうという気になれる。医療の場で医師から長期にわたって断酒ができると言われてもその可能性を実感できないが、断酒会において実際20年も30年も飲まずに生きている人に接すると、自分もやめられそうと思う。

アルコール依存症を治していく基本のなかの基本は、一日断酒と例会出席であるが、これらは自分が努力して生みだしていくものだ。断酒会に所属していれば自然に酒がやめられていくと理解している人が新入会員に少なくないが、断酒と例会は自己努力が必要だ。

断酒会にはあらゆる職業とあらゆる性格の人々が集い、アルコール依存症という1点で結びついているので、一日断酒と例会出席を励行していけば、孤独感や敗北感を感じないで楽にやめつづけられる。

例会の出席回数は多いほどよい。特に初期は毎日のように出席すると効果があがる。そして、断酒に自信がついてきたら徐々に回数を減らす。家庭的回復や仕事や健康面からも回数を減らさねばならない場合もある。

急に酒を飲まなくなり、夕方から例会場に出かけるようになると、怪訝に思う人が現れる。尋ねられたら、「アルコール依存症になったので、断酒会に所属して酒をやめている」と言えばよい。最初から立場をはっきりさせておいたほうが後々楽である。これで飲酒を無理強いされることが半減するだろう。初心者は酒の席にでないことである。結婚式や法事や同窓会も避けるのが賢明である。同窓会は昔に戻った気になるので、非常に危ない。松村語録にも「消極的だが初心者は酒席に出ないこと」（第35項）とある。酒席を無事に切り抜けたあと、家に帰る途中で妙な気持になって飲むことが多いからだ。

例会出席を励行するだけでなく、断酒会の活動すべて、すなわち、総会、レクリエーション、所属断酒会の記念大会・研修会、酒害セミナー、忘年会、新年会などに参加したい。こういう催しには大勢の仲間が出席するが、大勢の仲間と接すれば、やめていこうという元気がでる。やはり数は力なのである。

対人関係では腹を立てないことがもっとも重要である。さまざまな感情のなかで、怒りがいちばん飲酒に結びついているからだ。そのうち、腹が立っても飲酒しない癖を身につけると、怒りという感情が心のなかを風のように通過するようになる。

パチンコ屋などの遊技場や寿司屋などの飲食店も再飲酒しやすい場所である。勝負事は勝っても負けても酒を呼ぶ。バーやスナックの雰囲気を好んで行く人があるが、それは酒を飲んでみたい深層心理があるからだろう。

断酒会に入会すれば目標や目的は高く大きくもつべきである。断酒、仕事、家庭、健康、交友、趣味、生きがいなどにおいて、理想を設定すればいい。断酒の継続は平坦な道ではなく、山あり谷ありの起伏に富んだ人生行路で、低空飛行をつづけるようになったとき、入会時の理想やかつての夢、希望が自分を叱咤激励してくれるだろう。求めて、求めて、求め抜けば、何事でも実現するのである。しかし、酒をやめたい期間は控え目なものにする必要がある。最初から10年間酒をやめることを目標にすれば、目標の遠大さに圧し潰されるはずである。入会時には1カ月でいい。その1カ月間は歯を食いしばってでもがんばる。1カ月の断酒を達成したとき、また1カ月間を目標にしたい。目標とする断酒期間は小刻みに設定するのがいい。

酒害者が酒をやめていく上で非常に効果的な方法は、毎朝、目覚めてすぐに「断酒の誓」を声だして読むことである。朝のいの一番に1日のうちでもっとも大切なことを自分に言いきかせるのだ。これで気持ちが落ち着く。それから、1日に1度は、数分の時間を取って直近の例会における体験談を心のなかに再現することも非常に効果がある。

私は毎朝、寝床のなかで「断酒の誓」を読むことと心のなかで例会風景を再現させることをいまだにつづけている。要するに継続は力なのである。飲酒欲求が湧いてきたとき、「断酒の誓」を唱えただけで飲みたくなくなることが多い。

仕事をなおざりにしてきたような人が、専門病院に入院して最初に気にすることは仕事である。入会したころ、仕事で成果をあげて名誉を回復させたい、会社で一旗あげたいと心中ひそかに期している人が非常に多い。しかし、退院してすぐ仕事に復帰するのは避けたらいい。休職期間がある場合、その期間は毎日のように例会に出席したほうがよい。仕事に就くことを急がないことが断酒継続の秘訣である。アルコール依存症という病気では最初何もしないで酒をやめているだけでも大仕事なのである。断酒して、ストレスフルな仕事をして、さらに家庭のごたごたをも解決するとなれば、大方飲んでしまうだろう。

疲れすぎると思考力が衰える。断酒せねばならない身の上を忘れてしまう。その上、疲れすぎたときに飲んで疲労を吹き飛ばしていた習慣も蘇る。絶えず疲れすぎないように用心することも断酒の秘訣である。休職期間が終わって仕事に復帰してからも、仕事一筋になることは放棄したほうがよい。飲んでいた時代に仕事の鬼であったある会長は、仕事に没入しすぎるから飲むのだ、仕事には持っているエネルギーの7割ほどを使い、残りを断酒継続に傾けたほうがよいと話した。(100)

シアナマイドやノックビンという抗酒剤も断酒継続に有効である。医師が診察室の机に置いたシアナマイドをお酌するようにどの患者にも飲ませている病院もあるが、この薬は本人が自分から進んで飲むべきなのだ。飲むように言われて、激しい反発心をいだいた人々を私は知っている。しかしながら、この薬はマクロ的視点から見ると突発的な飲酒や強要される飲酒を防ぐ大きな効果がある。また、もう飲めないと観念して飲酒欲求が湧かないという副次的な効果もある。

2012年にもわが国で承認される見通しのナルメフェンもアルコール医療機関で、飲酒欲求が湧きにくくする目的で処方されるはずである。アルコール依存症者がシアナマイドやナルメフェンを飲んでいけば、それだけでアルコール依存症が治るわけではなく、断酒会に所属して「一日断酒」「例会出席」に励むことが重要なのである。

第2節　アルコール依存症が治っていく

第1ステージ……入院10日目

このままでは死ぬ。仕事を失い、家庭も崩壊する。入院先を求めて内科病院に電話するが、症状を言うと、断られた。今、専門病院のベッドに横たわっているが、まだ酔っている感じだ。院内のアルコール講座で、院長がアルコール依存症は病気であると話していた。

離脱症状が凄かった。イライラが激しく、夜は眠れず、突然のけいれん発作もあった。病院には妻が連れてきてくれた。

第2ステージ……退院直前

入院期間3カ月も終わりに近づいてきた。栄養失調が治った。肝機能は890もあったγGTPが55にまで下がった。右わき腹の鈍い痛みも消えている。自分はアルコール依存症ではない。そんな家系ではない。酒は好きだが、仕事も家庭もあるし、手も震えていない。アル中とは道端に寝込み、飲めば幻聴・幻視に脅かされるホームレスのことだ。主治医の話が耳に入らない。断酒会には死んでも行かないぞ。

第3ステージ……やはり酒が切れない

復帰した職場が超多忙で、くたびれすぎた自分は酒で疲れをなくそうとした。数カ月ぶりの酒であったが、その後酒が切れない。下痢もつづくし右わき腹が痛い。出勤まえの飲酒も復活している。ひょっとしたらアルコール依存症かもしれないぞ。入院して健康を取り戻したい。

第4ステージ……酒をやめたい

退院してから2カ月でまた入院したためソーシャルワーカーや看護師に合わせる顔がなかった。病院でアルコール依存症になると適度に飲酒することができないことを教わった。アルコール依存症者が生き延びるただ1つの道は、断酒を継続することであり、そのためにはセルフヘルプ・グループに参加することだという。セルフヘルプ・グループに加入しない人々は、死んだり、大量飲酒に戻ったり、入院していると教えられた。アルコール講座で聞いた話のなかで、いちばん印象に残っているのは、「アルコール依存症者は節酒ができないが、断酒はできる」ということである。酒をやめよう、そのために断酒会に入りたい。

第5ステージ……断酒6カ月

例会が待ち遠しい。6カ月も飲まずにきたのはまさに奇跡だ。例会の冒頭、みんなで「断酒の誓」を唱和するが、これだけで昼間のストレスがなくなっていくのがよくわかる。

支部のなかでいちばん長くやめているのは、ごく普通の爺さんである。こんな人でも長期断酒ができるのだから、それなら、自分もやめつづけられるかもしれないという希望が湧いてくる。我ながらストレスに非常に弱いのがよくわかる。精神的に落ち着いていられる時間帯と、心が水面の木の葉のように揺れ騒ぐ時間帯がある。調子がいいときでも、家族の一言が心に突き刺さり、それを悪く解釈して落ち込んだりする。逆に、ちょっと評価してもらったりすると、急に元気になりジョークを連発するのだ。

第6ステージ……また飲酒

会長が「忍び難きを忍び、耐え難きを耐えて断酒されました。……」という文言の表彰状を手渡して断酒歴1年が実現した。ところが4日後、ひょっとしたらブレーキが修復しているかもしれないという気になった。誰も見ていないのだし、試しにちょっと飲むわけだから、例会では断酒していますという顔をしていればよい、と心が呟く。飲むというのは5合以上をさし、コップ一杯など飲んだうちに入らない、ビールを口に入れても吐きだせばいい、と心が知恵をつける。そして、飲んだ。こんな旨いものを断っていたのか思う。一本だけと思っていたビールが、2本、3本になっていく。日本酒も飲んだ。酔っている間、この世に酒に優るものはないと思う。

翌朝、二日酔いの迎え酒がきっかけになり、お定まりの連続飲酒へ。目が落ち込み、頬の痩せこけた面相で病院に行った。主治医が真剣な表情で、例会の回数は少なくないか、酒をやめねばならない理由を織り込んだ体験談を話しているか、家族も例会にでているか、飲む友人から別れたかと問いかけた。自分はしどろもどろに答えたわけであるが、反省点が多い。例会は週1だし、休むこともある。体験談も近況報告で済ます。妻は例会にでていない。飲む友人とは未だに交際している。

再飲酒は起こるべくして起きたようである。

第7ステージ……断酒1年達成

長い1年であった。再飲酒してから例会は週3で、赤裸々な酒害を話すようになった。日曜日は県外活動に充てている。研修会は自分を見つめるのに非常にいいものだ。妻も例会にでてくれるようになってから活動的になった。同じ支部の奥さんがたと友達になって、連れだって家族教室に通っている。特に先輩の奥さんを非常に頼りにしており、何かにつけて相談に乗ってもらっている。妻とは共通の話題ができた。家族の体験談は断酒する上で、非常に役立つ。飲んでいたときの家族の気持ちを思うと、自然に涙が流れる。

第8ステージ……同窓会

酒宴はジュースでがんばっていた。同級生たちが盛り上がっていくのを見ていると、名状し難い淋しさを覚え、帰路、躊躇なく飲んだ。が、旨くはなかった。いくら飲んでも酔わなかった。アルコール依存症を熟知し、断酒会に身を置くものに酒が旨いはずがない。

翌日も翌々日も飲んだ。4日目に正気を取り戻す。何ということをしたのだ。後悔と罪悪感で打ちのめされた。その間、妻は非難がましいことは何も言わなかった。

例会では知らぬ顔を決め込んで2時間に耐える。飲んだことは口外しなかったが、罪意識が恐ろしく強く自分を締めつけた。それから次回こそ白状すべきだと思うようになった。朝、目が覚めるたびに、あと3日だ、あと2日だと苦しい。当日、異様に緊張し、誰かが「どの面下げて、例会にでて来るんじゃや」と非難するのではないか、と恐れた。例会場は針の莚であった。喉が渇ききる。名指しされてから、ありのまま飲酒行動を話し、深々と頭を下げた。誰の口からも、非難の言葉がでなかった。次に指名されたかたが、「今、失敗を話されて非常に勇気とまじめさのある人だと思った。失敗を肥やしにして立ちあがってほしい」と言ってくれた。他の会員も激励してくれた。家族のかたがたも、口々に失敗を教訓にして共にがんばろうと勇気づけてくれた。最後に会長が、

「友人関係を再編すべきですよ。酒をやめている人々とだけ交際してほしい」と説諭した。この夜の例会から帰る道中、妻と断酒会に踏みとどまって、必ず断酒し、支えてくれたかたがたにお礼をしようと誓いあった。

第9ステージ……断酒歴1年表彰

この1年は、自分が飲んでいるかもしれないという眼差しで観察されているようで、非常に苦しかった。前回の失敗から立ち直る過程で、朝目が覚めたら、「断酒の誓」を朗読するようになっている。飲む友人とは別れた。

第10ステージ……またも飲む

仕事が忙しくて例会出席がままならない数カ月がつづいていた。日曜日は休養と決め込んで県外活動が遠のいていた。働きに働き、ストレスも溜まり、寝不足も手伝い、夜更けの街を歩いていると、自販機が目につく。一杯飲めば、ぐっすり眠れると思うと、すぐ買った。それから5日間、寝るまえに毎晩飲む。7日目の朝、酒瓶を捨てる。飲酒したことが慚愧に耐えなくなったが、例会でありのまま告白した。軽蔑され、攻撃されることを覚悟する。しかし、「いけないとわかっていても飲むのがアルコール依存症ですよ」「失敗するたびに賢くなって再起するのが断酒会員」と援護してくれる人もいた。

自分が初めて入院したころ、入会していた人は今や断酒が5年ほどになり、支部長をしているのだが、この先、自分は酒をやめられるのだろうか。

第11ステージ……断酒5年なれど、のめり込み治らず

あちこちの支部に酒をやめきれていない、入会3年以内の人たちがいる。そういう人に手紙を書く。完全に酒をやめていく方法や、心構えを伝えたい。例会を休まないこと、回数を増やすこと、飲み友達から別れること、酒をやめねばならない理由を織り込んだ体験談を話すこと、県外活動をすることなどを書き伝えたのである。

自分には苦しんでいる人々を救いたいという欲求があって、酒をやめた彼らと手を結び、断酒会を盛り立てていきたいのである。伯父から電話で、知人がアルコール依存症と思われるので、力になってくれと言う。大晦日の1日、その爺さんの家で酒害の相談に乗った。正月早々、爺さんの手を引いて専門病院へ。酒害に苦しんでいる人を見ると、居ても立ってもいられない。酒害者への手紙にしても、書きだしたら、切りのいいところでペンを置くことができず、未明まで机に向かう。

妻が笑いながら、「あなたはのめり込みが治っていない」と言う。確かにアルコールへののめり込みから酒害者へと対象が変わっただけという気がする。何度も失敗してきた経験から、酒をやめきれない人々

の気持ちがよくわかる。断酒5年で仕事が楽しい。

第12ステージ……深い井戸の底にいる感じ

一滴も飲まずに10年を超えた。職場の親友が、「あんた、攻撃性が強いなあ」と驚く。他の場所でも、こういうように攻撃性の強さを指摘されたことが2、3回ある。攻撃性や、怒り、恨み、孤独感が相当強いようである。そのためか、それと無関係かもしれないが、心理的に楽に生きられていないようだ。

自分に対するイメージというのは、深い井戸にはまり込んで、地表から聞こえてくる人々の声に焦っているというところか。今までの人生で今なお憎んでいる少数の人々が存在する。こういう人々をゆるせたら、幸福を感じられる気がする。

第13ステージ……ゆるしつづけて

ずいぶん心のなかが楽になった。ゆるせない人がいたので、心が硬くなっていたのだ。

第14ステージ……償い

どんな条件、いかなる環境でも飲みたい気持ちにはならない。レストランで飲んでいる人々を目撃すると、「この世には酒があったのだなあ」と思うだけだ。家庭も職場も際立って居心地がよい。努力をつづけているのは、償いに対してである。断酒10年ぐらいまでは、やめつづけることが最大の償いと開き直っていた。妻子に償うだけというのも甘い。

自分の場合、人間としてしてはならないことをくり返してきた罪に対しては、人間を超えた偉大なものの存在を信じ、そうした存在に愛される人間になることだと思っている。

第15ステージ……日日是好日

断酒して25年を超えた。初期にはよく失敗していたものだ。あのころが正念場で非常に苦しかった。顧みれば妻が協力してくれたからこそ、断酒会の仲間が援助してくれたからこそ、職場の上司・同僚も理解してくれたことも手伝って、今日生きていられるのである。新しい人に断酒の秘訣を問われることがあるが、秘訣などないように思える。もしあるとすれば、「一日断酒」と「例会出席」に励むことだろう。断酒会には例会以外にもさまざまな取組みがあるが、そうした活動に陰ひなたなく正直・素直・まじめ・誠実・努力・「仲間を大切に」をモットーに一歩一歩進んでいくことだと思う。
このごろ、宇宙には善の意志があると思うようになっている。地球物理学の桜井邦朋は著書のなかで、「自分の意志を超えた不思議なある種の必然と考えられる絆に導かれて、この世に生を享けたのである」と書いている。宇宙の善なる意志と調和して、自分は今後も、断酒会の末端の役目を担いながら、新しい仲間の心友でありつづけたいと念願している。

【註】
(99) 森岡、前掲書、111―128頁。
(100) 石野健夫・大阪府断酒会会長(当時)が1983年7月24日の「南河内断酒会」主催の一泊研修会で参加者に説いていた。

あとがき

この3年間に私どもの奈良市断酒会に入会した27人のうちで、60歳以上の方は約44％に当たる12名である。巷では、色いろと指摘されているように高齢のアルコール依存症が激増しているようだ。本文に述べたとおり、奈良市アルコール関連問題懇談会では市民セミナーを開催しているが、出席されたケアマネジャーさんやヘルパーさんに訊くと、高齢アルコール依存症者に手を焼かれている。脳萎縮がいちじるしく進み、飲めば前頭葉がアルコールの影響を受けやすく、そのため、高齢アルコール依存症者は公衆マナーや社会ルールを無視する行動を取りやすいという。また、高齢者は一般に病気をもっている率が高いわけだが、高齢者においては、普通の病気の慢性症状なのか、アルコール依存症による症状なのか、判断が難しいという臨床上の問題がある。

奈良市断酒会では、また、青年の入会がつづいているし、若い女性が例会に姿を見せている。30年まえまでなら、中年期男性の病気と信じられていたアルコール依存症も、現在では青年、女性、高齢者にも広がっている。

私は日常的に例会場から離れたところで、会員と胸襟を開いて話しあうことが多いが、最近、アルコール依存症者への偏見を口にする会員が増えている。

断酒会にあっては偏見からの解放への道筋を知らなかったり、偏見に抗して生きていくことを実践しないと会員減に歯止めがかからないだろうし、第一、会員が卑屈になっていくだろう。現状、社会の偏見に抗して異議申し立てしている人は、いわば点であるが、そのうち線となり、面と化すに違いない。

偏見への長期的視野に立つ取組みの1つは、病気知識の普及であるが、昨年、奈良県では断酒会が5つの市で市民セミナーを開き、多くの出席者を集めた。こうした取組みによって、アルコール依存症が病気であり、そのゆえに、誰もが罹患し、また治るものであるという事実が少しずつ浸透していくに違いない。

私は古株になってしまったが、見わたせば、日常的に交流のある近畿地方において、長く断酒されている人々というのは共通した特徴があるようだ。

つまり、入会以来、立ちどまることなく断酒会活動に打ち込んでおられるということである。例会にとどまらず記念大会・研修会などに足を運びつづけておられる。参加することに非常に熱心である。アルコール依存症者ないし断酒会が心底好きでいらっしゃるのである。問題飲酒者を断酒会に救いあげようとか、新人に定着してもらおうと躍起になっておられるとか、会のお世話係をつづけてこられたとかの方々のみ、星霜を経て残っておられるのである。30年も40年もやめてきた人というのは、酒をやめねばならない理由の織り込まれた体験談を話しつづけておられるのである。赤裸々で新鮮な体験談を、である。

近況報告や趣味の話、酒歴話だけの人は脱落していく。償おうとしない人や感謝の心の足りない人もく。

落ちていく。求める心のない人もゆるす心のない人も、長期的には滅んでいく。歩かない人も敗退していく。

病院やクリニックで医療者が奮闘しているし、保健所などの行政もがんばっているし、自助グループも努力しているが、わが国のアルコール領域は首尾よくいっているわけではない。というよりも日本は先進国のなかではアルコール問題の解決に関しては飛び切りの後進国であるのだ。だからこそ、法制面では上記団体の活動を背後から後押しする、また、国民大衆を教化する法律、具体的には基本法を制定しようとする空気が生まれているのだろう。上記背景があって、「日本アルコール関連問題学会」がアルコール関連問題対策基本法（要するに、私の言葉では「アルコール基本法」）を制定しようと考えているのだ。

しかし、同学会が全断連の出版物（「かがり火」や「躍進する全断連―２０１１年版―」）に載せた文章を読んだ限りでは、自殺、家庭内暴力、児童虐待などを重視しているが、酒類消費量の削減が打ちだされていない。アルコール関連問題を削減するには、もっとも大切なことであるが、国民における１人当たりの年間の酒類消費量を減らすということである。そのためには酒類の相対価格を値上げし、小売と広告を規制することなのである。

本書が出版される過程において、明石書店の編集長であられる神野斉さんに大きくお世話になった。有益な示唆をいただいたり、励ましていただいたりした。編集の細部は、矢端保範さんたちにお世話になった。両氏の支援がなかったら、本書が出版されることはなかっただろう。心から御礼申しあげたい。なお本書の出版後、読者諸賢からのご叱正を賜りたい所存である。

2011年5月

中本新一

■近畿ブロック	
（社）三重県断酒新生会	059-397-3572
滋賀県断酒同友会	077-583-4741
NPO 法人 京都府断酒連合会	075-672-5786
NPO 法人 奈良県断酒連合会	0743-20-2634
NPO 法人 和歌山県断酒連合会	0736-75-3966
（社）大阪府断酒会	072-949-1229
NPO 法人 兵庫県断酒会	078-578-6312
■中国ブロック	
NPO 法人 岡山県断酒新生会	0866-63-1451
広島県断酒連合会	082-814-1874
NPO 法人 鳥取県断酒会	0859-54-3421
NPO 法人 島根県断酒新生会	0852-66-3612
NPO 法人 山口県断酒会	0837-32-0300
■四国ブロック	
（社）香川県断酒会	087-895-2704
NPO 法人 徳島県断酒会	0884-44-3612
高知県断酒連合会	088-824-4324
NPO 法人 愛媛県断酒会	0898-31-1838
■九州・沖縄ブロック	
（社）福岡県断酒連合会	092-873-3620
佐賀県断酒連合会	0955-56-6231
長崎県断酒連合会	095-823-3324
（社）大分県断酒連合会	0977-67-3188
NPO 法人 熊本県断酒友の会	0964-23-2773
（社）宮崎県断酒友の会	0985-53-6030
鹿児島県徳之島断酒会	0997-85-5016
沖縄県断酒連合会	098-858-6185
■道場	
和歌山断酒道場	0738-65-1231

各地の断酒会連絡先

都道府県	連絡先
■北海道ブロック	
（社） 北海道断酒連合会	011-615-6544
■東北ブロック	
青森県断酒連合会	0172-88-2751
秋田県断酒連合会	018-837-6381
岩手県断酒連合会	019-684-3263
山形県断酒連合会	0237-47-0055
NPO 法人 宮城県断酒会	022-214-1870
福島県断酒しゃくなげ会	0234-23-6313
■関東ブロック	
NPO 法人 茨城県断酒つくばね会	0297-63-0076
（社） 栃木県断酒ホトトギス会	090-4003-1667
群馬県断酒連合会	0270-74-9581
（社） 埼玉県断酒新生会	0480-92-0839
千葉県断酒連合会	04-7174-8351
NPO 法人 東京都断酒新生会	03-5624-0318
（社） 神奈川県断酒連合会	0467-86-2671
■北陸ブロック	
新潟県断酒連合会	0254-77-2555
NPO 法人 富山県断酒連合会	0763-37-1976
石川県断酒連合会	076-241-3395
福井県断酒連合会	0776-22-3286
■中部ブロック	
NPO 法人 山梨県断酒会	055-252-9080
NPO 法人 長野県断酒連合会	0265-35-4633
（社） 静岡県断酒会	054-296-1143
NPO 法人 愛知県断酒連合会	052-824-1567
NPO 法人 岐阜県断酒連合会	0575-23-4414

＜著者紹介＞

中本　新一（なかもと　しんいち）
1945年生まれ。博士（政策科学）（同志社大学）
同志社大学卒業後、高校に勤務。1983年3月より断酒会活動に就いている。34年間の高校勤務をへて、2009年、アルコール問題を大幅に減らす研究で同志社大学大学院博士課程を修了して、博士号を取得した。

［著　書］
『勇者が拳を固めるとき』（成文堂、1974年）
『五組新聞奮戦記——ダメ高校生・聖子が描いた華麗な軌跡』（神保出版会、1992年）
『ザ・教育困難校』（三一書房、1995年）
『酒はやめられる』（三一書房、1999年）
『アルコール依存社会——アダルト・チルドレン論を超えて』（朱鷺書房、2004年）
『脱「アルコール依存社会」をめざして　日本のアルコール政策への提言』（明石書店、2009年）

［論　文］
『同志社政策科学研究』に「アメリカおよびスウェーデンのアルコール政策」（2007年）や「アルコールに対する社会的コントロールの必要性」（2009年）など、多数論文を発表している。

仲間とともに治すアルコール依存症——断酒会活動とはなにか

2011年7月15日　初版第1刷発行

著者　中本新一
発行者　石井昭男
発行所　株式会社明石書店
〒101-0021 東京都千代田区外神田6-9-5
電話　03（5818）1171
FAX　03（5818）1174
振替　00100-7-24505
http://www.akashi.co.jp
装丁　青山鮎
DTP　レウム・ノビレ
印刷　株式会社文化カラー印刷
製本　協栄製本株式会社

（定価はカバーに表示してあります）　ISBN978-4-7503-3427-1